Vitus Seibel (Hg.)
Wie betest du?
80 Jesuiten geben eine persönliche Antwort

Ignatianische Impulse
Herausgegeben von Stefan Kiechle SJ, Willi Lambert SJ
und Martin Müller SJ
Band 68

Ignatianische Impulse gründen in der Spiritualität des Ignatius von Loyola. Diese wird heute von vielen Menschen neu entdeckt.

Ignatianische Impulse greifen aktuelle und existentielle Fragen wie auch umstrittene Themen auf. Weltoffen und konkret, lebensnah und nach vorne gerichtet, gut lesbar und persönlich anregend sprechen sie suchende Menschen an und helfen ihnen, das alltägliche Leben spirituell zu deuten und zu gestalten.

Ignatianische Impulse werden begleitet durch den Jesuitenorden, der von Ignatius gegründet wurde. Ihre Themen orientieren sich an dem, was Jesuiten heute als ihre Leitlinien gewählt haben: Christlicher Glaube – soziale Gerechtigkeit – interreligiöser Dialog – moderne Kultur.

Vitus Seibel (Hg.)

Wie betest du?

80 Jesuiten
geben eine persönliche Antwort

echter

Bibliografische Information der Deutschen Nationalbibliothek

Die Deutsche Nationalbibliothek verzeichnet diese Publikation in der Deutschen Nationalbibliografie; detaillierte bibliografische Daten sind im Internet über <http://dnb.d-nb.de> abrufbar.

© 2015 Echter Verlag GmbH, Würzburg
www.echter-verlag.de
Umschlag: Peter Hellmund
Druck und Bindung: CPI – Clausen & Bosse, Leck
ISBN
978-3-429-03849-6 (Print)
978-3-429-04824-2 (PDF)
978-3-429-06241-5 (ePub)

Inhalt

Zur Einführung

Wer wissen will, wie Reis schmeckt, muss Reis essen. So sagt ein indonesisches Sprichwort. Wer wissen will, wie Beten geht, muss beten. Wer wissen will, wie Jesuiten beten, findet hier Zeugnisse unterschiedlichster Art.

Mein Mitbruder Michael Hainz hat mich schon vor Jahren zu diesem Unternehmen ermuntert. So habe ich Jesuiten der Deutschen, der Österreichischen und der Schweizer Provinz eingeladen, auf meine Frage »Wie betest du?« eine Antwort zu versuchen. Ich hatte ihnen dazu gesagt, dass ich kurze Beiträge wolle (was manchen Mitbrüdern schwer genug fällt). Weiter: bitte keine theologischen Abhandlungen, keine gelehrten Theorien, sondern persönliche Zeugnisse. Das Originelle und Ursprüngliche ihres Betens sollte ans Licht gebracht werden.

Und was da alles kam an Selbstverständlichem, Altgewohntem oder Erstaunlichem: Entwicklungen des Betens, Reifungen, Schwerpunkte, Beispiele. Der Leser erfährt von der Not und dem Segen des Gebets, vom Ringen, vom Scheitern, von Gottesferne, von Gottesnähe, von Lieblingsgebeten und Entdeckungen, vom Hören und vom Antworten, von Hilflosigkeit und von Tapferkeit, von dem, was Martin Buber »eine Stimme verschwebenden Schweigens« nennt, und von Herzensruhe.

Die Freude, das Danken, das Bitten, der Lobpreis, die Kräftigung für den Alltag – all das zieht sich durch die Zeugnisse, ebenso das Hoffen und Klagen, das Vorläufige und das Bleibende, die Trostlosigkeit und die Tröstung, das Schwanken und die Treue.

Bei aller Unterschiedlichkeit (wie könnte es bei Jesuiten auch anders sein!), gibt es die gemeinsamen Linien des Ignatianischen, eine Art jesuitischen Stallgeruch: viele Hinweise auf das Exerzitienbuch und prägende Phasen der ordenseigenen Ausbildung, eine Art »Weltfrömmigkeit«, wie man das Suchen und Finden Gottes in allen Dingen bezeichnen könnte. Die Welt in ihrer Großartigkeit und in ihrem Elend wird betend verhandelt. Dazu natürlich die Unterscheidung der Geister, zum Beispiel in der abendlichen Gewissenserforschung. Präsent ist auch die dem Beter anvertraute Aufgabe und die Zielgerichtetheit des Handelns, die Gefährtenschaft mit Jesus und das Suchen der »Größeren Ehre Gottes«, wie ein Wahlspruch des Ordens heißt. Es ist nicht verwunderlich, dass sich dies und vieles mehr im Beten der Mitbrüder niedergeschlagen hat. Und ganz wichtig: die Feier der heiligen Eucharistie. Auch die Verehrung Marias und das Beten des Rosenkranzes werden oft betont.

Es werden immer wieder geistliche Autoren genannt, die im Beten der Einzelnen wichtig sind. Dabei nimmt die Heilige Schrift, besonders die Evangelien und die Psalmen, eine herausragende Rolle ein. Gebete, die kostbar sind, neue und alte, bekannte und weniger bekannte, zeigen, dass die Beter eingetaucht sind in die großen Traditionen der Gebetserfahrungen unserer Vorfahren und unserer Zeitgenossen.

Gebetshaltungen, Gebetssorte, Gebetszeiten, Meditationsformen werden vorgestellt. Das Beten in bestimmten Situationen oder in positiven oder negativen Stimmungen, in Müdigkeit, in Arbeitsüberlastung, in Krisen oder Zweifeln wird verhandelt, und wie sich darin oder daraus entsprechende Reaktionen ergeben.

Es gibt Texte über das Sprechen, aber auch über das Verstummen und Schweigen, über Lobpreis, über Anbetung, über das Aufgeben aller Absichten und über Hingabe. Hinter allem ist der Atem des Heiligen Geistes zu spüren – »wir wissen nicht, worum wir in rechter Weise beten sollen. Der Geist selber tritt jedoch für uns ein mit Seufzen, das wir nicht in Worte fassen können« (Röm 8,26). Und auch der Atem der betenden Kirche ist in aller Vielfalt als einigendes Band zu spüren. Und auch die herrliche Freiheit der Kinder Gottes ist ausgedrückt in den Zeugnissen der Mitbrüder: Das Gebet macht frei für Gott und es macht frei für den Dienst an den Menschen. Und die Beiträge ermutigen – vielleicht unausgesprochen – zum Reisessen.

Allen Mitbrüdern, die sich an diesem Buch beteiligt haben, sage ich meinen Dank. Auch hier war ich wieder einmal erstaunt, wie die im Allgemeinen ja als kühl geltenden Jesuiten ihr Herz geöffnet haben.

Gundikar Hock SJ und Michael Koop SJ haben mir bei den Geheimnissen der Computertechnik sehr geholfen.

Vitus Seibel SJ

Ich kann mich darauf verlassen

Wie bete ich? Das »Äußere« ist schnell erzählt. Unmittelbar nach der morgendlichen Dusche und dem Ankleiden entzünde ich eine Kerze und setze mich auf einen Stuhl, 30 Minuten lang. »Vor Gott da sein (wollen)« ist das Ziel dieser halben Stunde. Hilfreich sind mir dabei einzelne Psalmverse, die ich im Rhythmus des Atems still rezitiere, oder auch die Strophen eines Liedes. Zu Weihnachten hat »Ich steh an deiner Krippen hier« den Vorrang, zu Ostern der Eröffnungsvers der Sonntagsmesse (»Deine Hand hast du auf mich gelegt«) und zu Pfingsten das »Veni Sancte Spiritus«.

Am Abend gehe ich am liebsten in unsere (Haus-)Kapelle und setze mich im Dunkel vor den Tabernakel. Ich versuche, mit Jesus zusammen einen Rückblick auf den vergangenen Tag zu werfen, nach der Methode des Examens im Exerzitienbuch. Dieses Gebet ist oft (zu) kurz, 5 bis 10 Minuten lang – aber es entfällt eigentlich nie, egal wie spät es ist. Dann gibt es noch das Stundengebet (sehr reduziert), das tägliche Gebet in der Jesuitengemeinschaft, das Tischgebet u.a.m.

Die halbstündige Meditation in der Frühe und der Tagesrückblick am Abend sind feste Eckpfeiler meines Tages. Das schweigende Gebet am Morgen ist oft ein zähes Ringen mit dem Schlaf, der mich immer wieder überfällt. Häufig ist es auch ein Ringen mit Gott, der sich mir entzieht. Ich habe darüber schon vor fast 40 Jahren meinem Instruktor im Tertiat geklagt. Seine Antwort war trocken: »Dann beten Sie eben zu diesem Gott, der sich Ihnen immer wieder entzieht.« Es war die hilfreichste Anleitung für mein Beten, die ich in meinem Leben bekommen habe. Der Wert dieser täglichen Meditation am Morgen liegt – so scheint mir – in ihrer Regelmäßigkeit; sie gehört zu meinem Leben. Man könnte sagen: »Ich kann mich darauf verlassen.« Und auch wenn diese »Verlässlichkeit« allein von *meinem* Wollen abhängt, schöpfe ich daraus die Gewissheit, dass ich mich auch auf Gott verlassen kann. Dieser Gedankengang mag nicht ganz logisch sein; aber so ist es.

Der Tagesrückblick am Abend leidet weniger an der einsetzenden Schläfrigkeit als an den Zerstreuungen, die aus dem bunten Haufen der Begegnungen und Ereignisse des vergangenen Tages hervorquellen. Es ist mir dabei eine Hilfe, allen Menschen, mit denen ich tagsüber einen direkten oder »virtuellen« Kontakt hatte, »einen frommen Gedanken zu schicken«, vor allem jenen, über die ich mich immer noch ärgere. Ich schließe diese kurze Gebetszeit mit dem (lateinischen) »Visita, quaesumus, Domine« aus dem kirchlichen Abendgebet. Ich habe früher viel mehr mit der Bibel gebetet. (Das tue ich jetzt immer noch, aber nur in meinen Exerzitien; hier aber mit Freude und geistlichem Gewinn.) Später habe ich die Worte und Bilder mehr und mehr weggelassen. Ich versuche, Gott in mir zu finden. In diese Richtung hin bin ich unterwegs.

Irgendeinmal – es ist schon länger her – habe ich entdeckt, dass ich eigentlich vor allem zu »Gott« bete, aber nicht zu »Jesus«. Das schafft mir insofern Probleme, weil mir dieser Gott eben ein Geheimnis bleibt, freilich: ein Geheimnis, das mich fasziniert und nicht loslässt. Wenn mir Gott allzu weit wegrückt, »wechsle« ich meinen Gesprächspartner, um mit Jesus wieder mehr Nähe zu finden.

Josef Anton Aigner SJ, Wien, geb. 1938

Das große Fest kann jeden Moment beginnen

Bin ich in Verbindung mit Gott, wenn ich bete? Für mich gibt es drei Weisen, wie ich die Verbundenheit vielleicht mit dem fern-nahen Geheimnis, der ewigen Gegenwart wie auch dem Ziel der Geschichte oder dem zärtlich-großen Du bewusst lebe:

1. Wenn ich von einer Empfindung des Schönen angerührt werde – sei es in der Natur oder durch Musik oder darstellende Kunst – oder wenn Menschen mich etwas von ihrem Glauben an das Gute spüren lassen, dann verstumme ich staunend und gebe der aufsteigenden Freude und der damit einhergehenden Einheitserfahrung Raum. In solchen Momenten spüre ich eine unermessliche Dankbarkeit und Geborgenheit bei der Quelle und dem Ziel allen Seins.

2. Wenn ich in mir einen Aufschrei spüre und nicht hinnehmen möchte, was zum Himmel schreit. Ich würde dies nicht nur als eine Verletzung meines Gerechtigkeitsempfindens bezeichnen, sondern auch als einen unmittelbaren Anruf vom Vater Jesu selbst. Mit Dorothee Sölles Worten sagt es in mir dann: »Nicht du sollst meine probleme lösen / sondern ich deine gott der asylanten / nicht du sollst die hungrigen satt machen / sondern ich soll deine kinder behüten / vor dem terror der banken und militärs / nicht du sollst den flüchtlingen raum geben / sondern ich soll dich aufnehmen / schlecht versteckter gott der elenden // Du hast mich geträumt gott / wie ich den aufrechten gang übe / und niederknien lerne / schöner als ich jetzt bin / glücklicher als ich mich traue / freier als bei uns erlaubt // Hör nicht auf mich zu träumen gott / ich will nicht aufhören mich zu erinnern / dass ich dein

baum bin / gepflanzt an den wasserbächen des lebens«*
3. Schließlich leben in mir die Bilder zweier biblischer
Geschichten, die mich sowohl in den Begegnungen
mit Menschen wie auch in der Gestaltung und Erledigung meiner Arbeit wie auch in meinem regelmä-
ßigen Still-Sitzen nach der Art des Zen eine Trans-
parenz auf die End-Gültigkeit (oder, wie es auch genannt wurde, die eschatologische Dimension) der
Wirklichkeit erahnen lassen.

Da ist zum einen der Prophet Jona, der durch Ninive
schreitet und die Bedrohlichkeit der aktuellen Situation zu benennen hat. Die Antwort der gesamten Be-
völkerung ist überraschend und erfreulich: Die ganze
Stadt kehrt um, wird gerettet, erlöst und befreit.
Nicht mit der Gleichgültigkeit des Jona, sondern mit
der Zuversicht JHWHs, die durch Jonas Auftrag zum
Ausdruck kommt, möchte ich an die Dinge heran-
gehen. Das andere Bild besteht aus dem unmittelbar
bevorstehenden Fest des Bräutigams, zu dem ich als
dessen Freund eingeladen bin und wo ich die Ehre
habe, bei den letzten Vorbereitungen mithelfen zu
dürfen. Alles, was ich tue und erlebe, kann ich in
dieser Vorfreude tun: Überall, wo jetzt noch Menschen – und Tiere und Leben – unterdrückt, verach-
tet, ausgebeutet, zerstört werden, wird es ganz anders kommen. Nicht in der sozialen Isolation des Jona, sondern in der Vorfreude des Freundes des
Bräutigams gehe ich durch die große Stadt. Daran
orientiere ich meine Aufmerksamkeit, denn es kann
jeden Moment beginnen, das große Fest!

Christoph Albrecht SJ, Basel, geb. 1966

* Dorothee Sölle, Den Rhythmus des Lebens spüren. Inspirierter
Alltag © Verlag Herder GmbH, Freiburg i.Br. 2006, 187.

Nicht leicht, aber ganz einfach

Mein Gebet ist ein ganz einfaches: das Herzensgebet. Kennengelernt habe ich es seit meinem ersten kontemplativen Exerzitienkurs bei Pater Franz Jalics in Gries 1985. Seitdem begleitet es mich durch Höhen und Tiefen. Mein Gebetshocker und mein Kurzzeitwecker waren immer im Reisegepäck und haben mich durch die halbe Welt begleitet. Nur einmal gab es eine Unterbrechung für zwei Jahre. Da war mir die ständige Wiederholung des Namens zur Last geworden, ja es war sogar so, dass ich den Namen Jesus Christus nur mit Widerwillen ausgesprochen habe. Am liebsten wäre ich nur schweigend vor Gott dagewesen, ohne ein Wort, nur im Lauschen. Aber ich wusste nicht, was ich tun sollte, hatte ich doch die klare Anweisung, immer nur beim Namen zu bleiben. So bin ich zu meinen mir von Kindheit an vertrauten Gebeten wie dem Rosenkranz oder einem Vaterunser zurückgekehrt und spürte sogar etwas wie Erleichterung. Als ich dann zwei Jahre später selber einen Exerzitienkurs begleitete, dachte ich mir, dass ich nicht etwas lehren kann, was ich nicht selber praktiziere. So habe ich mich am Morgen des ersten Kurstages zum Gebet hingehockt und habe mit großer Freude die Gegenwart spüren können, die in dem Namen geschenkt wird.

Wie ich bete? Ich setze mich hin, egal wo ich bin und welche Sitzgelegenheit da ist, schließe die Augen und frage mich, ob ich da bin und anfangen kann. Diese Frage muss ich nicht beantworten, aber sie hilft mir, anzukommen. Danach spreche ich ein kurzes Hingabegebet: »Ich bin für Dich da. Diese Zeit ist mein Geschenk. Das ist meine Hingabe.« Damit schenke ich dem Herrn alles, was in der Meditationszeit passiert. Natürlich gibt es auch Ablenkungen und Gedanken. Dann ist es mir wichtig, diese nicht zu bekämpfen, sondern zu akzeptieren, dass sie da sind, und sie wieder loszulassen. Wenn eine Zeit der Stille sich auftut, verbleibe ich dort, auch ohne ein Wort zu sprechen. Inzwischen bin ich selber Exerzitienbegleiter und Hausleiter von Haus Gries. Ich staune immer wieder, wie viel Kraft und Segen im Herzensgebet geschenkt wird, und freue mich, dass dieses Gebet auch immer mehr ein Weg wird für Menschen, die einen einfachen Weg suchen, zu beten.

Anton Altnöder SJ, Wilhelmsthal, geb. 1950

Blickzündung

Als Junge im Alter von sieben Jahren bin ich in Bremen, der Heimat meiner Mutter, einem großen Beter begegnet: Franz Moschner. Er war Priester, und er war blind. Er hatte meine Eltern getraut. Nun wollte meine Mutter mich ihm vorstellen, und so besuchten wir ihn im Pfarrhaus. Wir warteten im oberen Stockwerk, als er die lange Treppe heraufkam. Sie sagte mir noch: »Du weißt, er ist blind. Du musst ihm die Hand geben.« Aber während er bedächtig die Stufen emporstieg, schaute er unverwandt mich an. Ich wunderte mich, weil er doch blind war. Doch noch mehr staunte ich, als mein Blick auf sein Gesicht fiel. Noch nie hatte ich einen Menschen gesehen, dessen Antlitz so von Freude überflutet war wie seines. Später schrieb er, wie er betete. Ich gebe es frei wieder: »Ich musste nicht lange überlegen, wo Gott ist, wie er zu mir steht, was ich ihm bedeute. Ich brauchte nur zu ihm aufzusehen und zu sagen: Du siehst mich und du liebst mich, und war sofort bei ihm.«
Später habe ich diese Art zu beten von ihm übernommen. Mein Beten wurde einfacher. Unsichtbar bin ich Jesus begegnet, sei es, dass ich ihn in meiner Seele berührt habe oder er mich. Ich fühlte seinen Blick in meiner Brust. Dieser Augen-Blick verblasste schnell, wenn ich anfing, Wünsche vorzubringen. So betete ich stattdessen mit dem Wort aus dem kirchlichen Abendgebet: »Du bist der Einzige. Dich will ich lieben mit ganzem Herzen, mit ganzer Seele und mit ganzer Kraft.« Das ist mehr als alle eigenen Wünsche. Frühmorgens musste diese »Blickzündung« in sein Antlitz geschehen, dann konnte ich tagsüber,

wann immer ich wollte, so zu ihm aufschauen in Vertrauen und Freude.

Mit zunehmendem Alter wurde diese Art mein einziges Beten. Seither bleibe ich dabei. Ich sehe ihn unverwandt an, lächle, und dann schweige ich. Gelegentlich muss ich eine Weile warten, bis er meinen Blick spürbar erwidert. Aber dann springt in mir eine Freude auf. Probieren üben!

Raimund Baecker SJ, Berlin, geb. 1930

Ich schau einfach auf das Kreuz

Wenn ich bete, sitze ich da und schaue einfach auf das Kreuz. Ich suche mir in einer Kirche immer einen Platz mit Blick auf das Kreuz als Sammelpunkt inmitten der Welt. Es ist mein Verständnisschlüssel für meine Erfahrungen in meiner Arbeit mit Flüchtlingen, die mich in die Konfliktgebiete unserer Welt, nach Syrien, in den Kongo, Afghanistan und Kolumbien führt. Wo Hass und Krieg herrschen, da leiden die Unschuldigen. Das Kreuz steht für die Sünde der Welt, die in Form von Gewalt, Hass und Ungerechtigkeit Wirklichkeit ist. Der Gekreuzigte wird zum Fokus dieser Sünde und dem von ihr verursachten Leid. Er steht für all die Menschen, denen ich immer begegne, deren Leben vom Krieg zerstört wurde, die auf der Flucht sind, die alles und vor allem Menschen verloren haben, die ihnen lieb waren.

So sitze ich oft da, schaue auf das Kreuz und lasse die Gedanken und Sorgen der Arbeit zur Ruhe kommen. Täglich bin ich mit den Problemen des Jesuitenflüchtlingsdienstes konfrontiert, der in unsicheren und sich wandelnden Situationen mit begrenzten Mitteln auf die große Not von Flüchtlingen zu antworten versucht. Das äußere politische Geschehen, das man nicht kontrollieren kann, lässt einen ohnmächtig zurück. Die menschlichen Unzulänglichkeiten, mit denen man in einer Leitungsposition zu tun hat, sind wie ein Kreuz, das man zusammen mit den eigenen Schwächen zu tragen hat.

Wenn ich so dasitze und auf das Kreuz schaue, kommen mir oft sehr gute Gedanken und Lösungen für Probleme. Ich gehe dann in den Alltag mit größerem inneren Frieden und Versöhnung. Im Blick auf den

Gekreuzigten sehe ich den Auferstandenen. Diese Hoffnung aus dem Glauben an den Gekreuzigten und Auferstandenen ist die Quelle, um in einer aussichtslosen Situation von Kriegen die Hoffnung nicht zu verlieren, sondern weiterzumachen, das zu tun, was in Flüchtlingen die Hoffnung nährt.

In meinem Beten unterscheide ich in der gegenwärtigen Arbeit drei Phasen. Ich bin sehr viel auf Reisen, besuche die Projekte des JRS und begegne Flüchtlingen und unseren Teams. Da bleibt manchmal nicht einmal Zeit zur täglichen Messe. Es fehlt an der Zeit zur Meditation und zum Schauen auf das Kreuz. Aber dies geschieht in der direkten Begegnung mit den Leidtragenden unserer Zeit. Die Dynamik von Internet und E-Mails bestimmt meinen Alltag auf Reisen und füllt die normal für das Gebet reservierte Zeit am Morgen oder Abend.

Zurück in Rom folge ich in der Generalskurie einem fast klösterlichen Rhythmus von Meditation und Frühmesse und Arbeit im Büro. Dieser Tagesrhythmus einer größeren Gemeinschaft fängt mich auf und stabilisiert mich. Einmal im Jahr ziehe ich mich für zwei Wochen in einen Karmel in Burgund zurück, wo mich die Stille, das Gebet mit den Schwestern und den Gästen und die Freundschaft mit den Schwestern auffangen. Im Zentrum des Gebetes und der Meditation steht das Kreuz, auf das wir alle schauen. Das Gebet dieser Schwestern für die Flüchtlinge und Nöte unserer Zeit trägt die Arbeit des JRS mit. Gemeinsam schauen wir auf das Leid der Welt, beten und arbeiten für die Notleidenden und finden trotz sinnloser Gewalt inneren Frieden und Hoffnung.

Peter Balleis SJ, Rom, geb. 1957

Herr, du allein weißt …

Dass ich bete, ist mir wichtiger, als wann und wie oder wie lange. Aber ich brauche eine feste Zeit. Das ist der frühe Morgen. Und ein fester Ort ist gut für mich, wenn ich zuhause bin: mich ausrichten, bewusst anfangen. Ich bete zu Jesus: dem Herrn, dem Kyrios, dem Bruder, dem Freund. Seit fast 30 Jahren komme ich bei meiner Betrachtung oft nicht über dieses Vorbereitungsgebet hinaus, sehr oft spreche ich nur einen Teil davon: »Herr, du allein weißt, wie mein Leben gelingen kann … Hilf mir loszulassen, was mich daran hindert, dir zu begegnen … Hilf mir zuzulassen, was in mir Mensch werden will …«. Seit 1985, als ich in den Orden eintrat, bete ich so.

Du allein weißt … loslassen … zulassen … Mensch werden …: Mehr habe ich nicht zu beten und zu bitten. Ich verdanke das Gebet Stefan Hofer SJ. Mein Novizenmeister war ein weiser Mann, ein Menschenkenner, barmherzig. Meine Wertschätzung für ihn ist mir erst spät bewusst geworden. Ich vermisse ihn. Als ich nach 20 Ordensjahren neun Monate (!) lang mein Tertiat in den USA machte und mich oft verloren fühlte, konfrontiert mit all dem, was in diesen 20 Jahren gelungen, was schiefgegangen, was auf der Strecke geblieben war, womit ich zu meiner Bestürzung mit aller Wucht aufmerksam wurde, fand ich Trost in diesem Gebet. Es lässt mich Jesus direkt ansprechen und bitten. Auch um die eigene Menschwerdung, die wohl erst mit dem letzten Atemzug abgeschlossen ist. Ich muss ständig Texte lesen, bearbeiten, edieren, formatieren. Vielleicht ist deswegen mein Beten einfacher geworden und auch konkreter. *Loslassen:* die Bilder, die Begriffe, die Vorstellungen, meinen Alltag und was damit an Gutem wie an Schlechtem verbunden ist. *Zulassen:* was in mir zum Menschsein drängt, aber nicht beachtet, nicht gepflegt, nicht wahrgenommen wird.

Nicht fremd ist mir die Bitte an den Heiligen Geist aus einem Pfingstlied: »Bete du in uns, wo wir stumm bleiben ...«. Das Verstummen – aus Wut, Aggression, Traurigkeit, Erschöpfung – ist auch eine Erfahrung. Sie verführte mich einmal dazu, monatelang überhaupt nicht mehr zu beten. Bei einem Freund habe ich es dann wieder gelernt. Wochenlang. Er hat einfach gesagt: Wir beten zusammen. Das war, im Nachhinein, spirituelle Starthilfe.

Einige Gebete sind mir besonders lieb. Das Einfachste: »Jesus Christus«. Beim Einatmen: Jesus, beim Ausatmen: Christus. Oder das »Anima Christi«, weil es das Lieblingsgebet von Ignatius war: »Leib Christi, rette mich – Cuerpo de Cristo, sálvame.« Oder die Psalmen mit ihren Stimmungen, die meine sein können. Oder der Rosenkranz, der für mich ein Leben-Jesu-Gebet ist. Den kann ich auch gehend beten. Wiederholungen sind mir wichtig. Sie beruhigen. Ich spreche gern zum Gekreuzigten. Dass er antwortet, laut zu mir spricht, wie bei Don Camillo, das war mein Kindheitstraum.

Je einfacher ich bete, desto ruhiger werde ich. Wenn ich abschweife, Tagträumen nachhänge, mich verzettle, imaginäre Streitgespräche führe, dann merke ich, dass ich nicht sauber begonnen habe. Ich kehre zum Vorbereitungsgebet zurück: »Herr, du allein weißt ...«. Und ich bin wieder bei mir – und bei Jesus, meinem Freund.

Andreas Batlogg SJ, München, geb. 1962

Alltäglich beten

Beten ist etwas Unkompliziertes, eben etwas Alltägliches. Am liebsten setze ich mich gleich am Morgen auf mein Meditationskissen, da ist die Seele noch nicht zugemüllt. Ein Lieblingseinstieg ist es, die Engel aller Menschen, der mir nahen und der fernen, um mich zu versammeln und sie loszuschicken. Und das »Seele Christi, heilige mich …« hilft mir anzukommen.

Die Nacht legt ganz von selbst ihren schützenden Mantel ab und das Bombenattentat aus den gestrigen Nachrichten oder die Flüchtlinge oder eigenes Versagen taucht auf. Im Hintergrund pocht es: »Und wo bleibt nun dein Gott?« (Ps 42). Ich taste innerlich das Bedrängende ab wie mit einem Laserstrahl: Wo bleibt nun dein Gott? Irgendwo bleibe ich hängen. Ein erlösendes Wort taucht auf, ein Gedanke, vielleicht aus der Bibel: So ist es gut, so stimmt es. Ich merke es ganz einfach am Aufatmen: Gott sei Dank! Dann braucht es gar nichts anderes mehr, als dabei zu verweilen. Natürlich ist das nicht ein Funktionieren. Oft genug muss ich Verwirrung oder Schmerz einfach aushalten, wie das halt immer so ist. Umso mehr Dankbarkeit ist da, wenn wieder etwas durchsichtiger geworden ist.

Das heißt nun nicht, dass ich groß eine Vorstellung von Gott habe. Es ist eher wie den tragenden Boden zu spüren und die Freude darüber, es zu *spüren*. So fühlt sich halt für mich Gott an und sein Wirken, der Hl. Geist. Der auferstandene Herr ist eher da wie ein Mantel, der sich über die Welt breitet. Paulus nennt das wohl Leib Christi.

Beten ist für mich kein durchstrukturierter Vorgang.

Ich horche einfach. Mal kommt dies: »Du hast mich erforscht und du kennst mich!« (Ps 139). Wie der Tag ist, so alltäglich ist das Beten. Und so verwebt es sich ganz von selbst immer mehr in den Tag hinein und wird zum »allezeit sollt ihr beten«.

Alois Berger SJ, München, geb. 1935

Der Mensch wird des Weges geführt, den er wählt

Die Geschichte meines Gebetslebens ist untrennbar verbunden mit meiner Kindheit und Jugend in einer Diktatur, die Freiheit nur als das Sich-Entscheiden für eine bestimmte politische Meinung verstand, die in der DDR zudem streng vorgegeben war. Somit ist es nicht verwunderlich, dass ich die katholische Gemeinde der Franziskaner in Halle/Saale als einen Raum der Freiheit und Geborgenheit in einem atheistischen, religiösen Glauben ablehnenden Umfeld erlebt habe. Besonders das aktive Mittun und Übernehmen von Verantwortung als Ministrant und Lektor in den vielen und vor allem auch feierlichen Gottesdiensten und die damit verbundene Gruppenzugehörigkeit waren wichtig, aber auch das Erleben von jugendlicher Gemeinschaft der freitäglichen Jugendmesse mit anschließendem Treffen zum Austausch. Prägend für mich war das Erleben sehr unterschiedlicher Franziskaner in der Pfarrei, die dort in Gemeinschaft lebten. Sie legten den Grund für ein Selbstverständnis in meiner heute sehr freiheitlichen Beziehung mit Gott. Im 1987 in Erfurt begonnenen Studium der Theologie bekam ich ein geistliches Lesebuch in die Hand, dessen Titel mich seitdem begleitet und mir immer wieder in den Sinn kommt. »Der Mensch wird des Weges geführt, den er wählt« (Johannes Bours).

Ich wähle, *ich* entscheide, *ich* bin frei! Das war in der Diktatur eine meiner tiefsten Sehnsüchte, die äußerlich nur sehr begrenzt erfahrbar, faktisch nur innerlich erfüllbar war. Dort aber habe ich eine Form der Freiheit erfahren, die ich als geschenkt erlebt habe und die sich von äußerer Bewegungs- und Wahlfreiheit unterscheidet, für die ich unendlich dankbar bin. Mein Beten war – und ist es auch heute – oft ein Zwiegespräch mit Jesus Christus, wo ich sehr oft das Gefühl hatte, er antwortet, schenkt mir fühlbaren inneren Frieden, den ich oft ohne erkennbare Ursache spüren durfte. Manchmal waren es nur wenige Augenblicke. Für mich war diese Form, Ihn zu spüren, eine Realität, die zu einem Schatz wurde, tief in meinem Inneren, und mich gestärkt hat, einem politischen System zu widerstehen, das ich von Herzen abgelehnt habe. Und wenn es nur die Kraft war, einem Vorgesetzten ins Gesicht zu sagen, katholisch und aktiv in der Kirche zu sein. Die Konsequenzen solcher Äußerungen waren nicht absehbar. Nun kann ich sagen, ich hatte einfach Glück, aber das genügt nicht.

Durch diese Beziehung mit Jesus Christus erlebe ich bis heute dieses Glück als Führung. Ich glaube, dass ich mich in bewusstem Wählen und Entscheiden von Ihm geführt und gehalten weiß. Heute bin ich Jesuit. Mich fasziniert der hl. Ignatius von Loyola mit seiner Art der Gottsuche und -erfahrung, seiner Art zu unterscheiden, was hilfreich für mein Leben ist und was mich vom guten Weg abbringt. Diese aktive Spiritualität, die mich in eine große Freiheit setzt, beflügelt mein Leben und gibt mir Kraft, so manches Schwierige im Leben zu meistern. Mein Beten sieht also oft so aus, dass ich im Zwiegespräch mit dem Herrn zu einer Entscheidung komme und mich, durch den Glauben, von Ihm geführt zu wissen, zu Lebensentscheidungen stehen kann, auch wenn es oft genug schwer ist.

Michael Beschorner SJ, Dresden, geb. 1963

Ihn suchen und finden

Ich kann nicht gut beten. Aber ich ahne oder weiß, dass ein Beten etwas zu tun haben soll mit meinem Leib, den ich überallhin mitnehme. Ich »weiß«, dass der heilige Gott in allen geschaffenen Dingen gegenwärtig ist, ich weiß auch, dass ich ihn auf Menschen hin »ausatmen« soll, begreife natürlich auch, dass ich ihn vorher »einatmen« muss. Täglich und stündlich teilt er sich mir ja mit: nicht nur in der Bibel (dem Wort Gottes) kann ich ihm begegnen, sondern in allen Menschen und Dingen. In jedem Augenblick ist er da – immer neu, immer anders, immer unauslotbar.

Wie bete ich? Natürlich bete ich die Psalmen, sehr gerne sogar. Natürlich freue ich mich auf die tägliche Eucharistie. Aber mein »Gott-finden« ist nicht darauf beschränkt, was mir die Kirche aus ihrem reichen Gebetsschatz an die Hand gibt. Ich versuche aus der beglückenden Wirklichkeit zu beten und zu leben, dass Gott »der immer Größere« ist. – Ich versuche es; können aber tue ich es noch längst nicht.

Manchmal kommt mir das anmaßend und eingebildet vor. Dann sage ich einfach zehnmal oder zwanzigmal »Heiliger Geist, bete du in mir«. Oder einfach: »Lass mich dich erfahren in allem, was heute ›ist‹«. Oder: »Jesus, sei mir Jesus«.

Manchmal ist mir aber auch das Wenige, das ich da stottere, schon zu viel. Dann erinnere ich mich an den stillen Kapellenraum in unserem Haus (ganz in der Nähe), setze mich dort still in eine Ecke und versuche nur zu hören. Er spricht ohne Worte. Aber ihn zu hören ist schwierig, weil ich, weil wir, meistens zu laut sind. Er spricht ja auch dann, wenn er nichts sagt. Daran glaube ich.

Bisweilen hilft es mir, mich an die großen Heiligen und ihre Liebe Gott gegenüber zu erinnern: an Petrus und Paulus, Franziskus, Ignatius, an Edith Stein oder an Friedrich Spee und seine wunderbaren Lieder. Dann genügt mir oft eine »gestotterte« Strophe.

Es gibt (geformte) Gebete, die ich wirklich hundertmal wiederholen kann, ohne sie sattzuhaben, ohne sie je sattzubekommen (z.B. vom Lied »Ich steh' an deiner Krippen hier« die 1., 2. oder 4. Strophe). Man muss sie auswendig können: Hier schmecke ich etwas vom tiefsten Geheimnis der Liebe Gottes.

Ich kann nicht gut beten. Aber ich glaube, dass Er mir wirklich nahe ist und hilft, schon ehe ich ihn darum bitte. Wichtig, ja das Wichtigste, scheint mir zu sein, dass ich ihn suche. Ich möchte ihn suchen, um ihn zu finden. Ich glaube, ihn finden zu können, weil ich weiß, dass er schon da ist.

Josef Bill SJ, Köln, geb. 1927

Geschenkte Verlebendigung

1. Zuerst drängt sich das Bittgebet auf. Ich richte mich an Gott und bete – für Gesundheit, für den erfreulichen Verlauf der Woche, für den stärkenden Kontakt mit Mitmenschen und für gute Jahre. Diese Bitten selbst leben aus Vertrauen auf Gott, kräftigen mich und öffnen mich auf die Evangelien.

2. Das Neue Testament lässt den sorgenden Gott vor mir entstehen. Die Sorge um mich erschließt mir also den sorgenden Geber von Vertrauen und Kraft! Und je mehr ich bitte, desto stärker rückt Er, Gott, in den Blick; und Er weckt bei mir, der ich als Mensch, als offenes Wesen, immer möglichst alle Rahmen sprenge und möglichst alles einbeziehe, die Frage: Was aber ist für Ihn zu besorgen? Irgendetwas? Die Sorge um mich wird so zur Sorge für Ihn.

3. Was für Ihn selbst zu besorgen ist, verlebendigt sich immer stärker: Es ist die zu besorgende, zu erfüllende Pflicht, Ihn zu ehren, zu preisen und anzubeten. Und ich begreife immer wieder und tiefer, dass meine tiefste Bitte und die mir bleibende Sorge der Anbetung gelten sollen.

4. Sobald ich aber die Anbetung ernst nehme, erkenne ich: In dem Maße, wie ich mich auf Ihn hin anbetend ausrichte, antwortet wiederum der angebetete Gott auf seine wunderbare, liebende Weise! Auf jede Anbetung folgen Seine Aufmerksamkeit auf mich, Seine Antwort und Seine Hilfe.

5. Zum einen schenken mir Gott Vater, Sohn und Heiliger Geist immer klarere Einsicht in mein Leben. Und ich muss mich immer tiefer dafür bedanken, dass ich von diesen Eltern gezeugt bin, dass ich letzt-

lich aber von Ihm dieses Leben geschenkt erhielt und erhalte und dass ich auf dem steinigen, gewundenen Weg und über Stufungen eines bewegten Lebens auf Ihn zugehe.

6. Auch schenkt Er die Erkenntnis, dass ich Seine Hilfe Sekunde für Sekunde empfangen durfte und ständig diese Seine Aufmerksamkeit für mich entgegennehmen und genießen darf.

7. Ich erkenne in Demut, dass Er sich unablässig für mich einsetzt, mich gewissermaßen dadurch ehrt und würdigt.

Norbert Brieskorn SJ, München, geb. 1944

Wie ich bete? Je nach Situation

Es war früher anders als jetzt mit 85 Jahren. Als Kind lernte ich bei der Mutter beten – sicher war das von entscheidendem Einfluss für mein späteres Leben.

Im Krieg kam ich mit der »Kinderlandverschickung« von Duisburg-Hamborn nach Ellwangen. Um dem Militäreinsatz zu entgehen, kam ich im März 1945 auf eine Nazisonderschule in Süddeutschland. Von dort floh ich im April und geriet auf dem Rückweg nach Ellwangen in französische Gefangenschaft. Obwohl ich kein Soldat war, marschierte ich mit 400 gefangenen Soldaten in Richtung Frankreich. Als ich am 30. April morgens den Rosenkranz betete, gelang mir mittags die Flucht. Abends, als die Gefangenen weitergegangen waren, ging ich mit den Leuten, die mich versteckt gehalten hatten, in die Dorfkirche zur Eröffnung der Maiandacht, mit Empfindungen, die ich nur schwer vermitteln kann.

Nachdem ich im Herbst 1945 nach Hause zurückgekehrt war, erlebte ich, wie der Kaplan am Ende der Kindermesse rief: »Herz Jesu, du sollst ganz allein« – und alle fuhren laut fort – »in meinem Herzen König sein!« Das wurde mir ein liebgewordenes Gebet, Programm und Bitte zugleich für mein ganzes Leben.

Nach dem Noviziat (1947–1949) ging es zum Philosophiestudium nach Pullach. Dort empfahl mir unser Spiritual Pater Steger: »Beten Sie oft, ›Jesus, du hast mich lieb!‹, das bringt Sie weiter als das ganze kommende Theologiestudium.« Ich vergaß es zwar im Lauf der Jahre, bis ich in Köln Pater Schuh predigen hörte: »Mensch, du kannst leben, wie du willst. Gut oder nicht, beten oder nicht, in die Messe gehen oder

nicht: Du bist immer von Gott geliebt!« Das erinner-
te mich an den kurzen Gebetssatz von Pater Steger.
Seitdem ist es mir ein vertrautes Gebet.

Zu Beginn des Betens oder der Betrachtung spreche
ich gewöhnlich Jesu Gebet der Lobpreisung, des Ver-
trauens und der Anbetung: »Ich preise dich, Vater,
Herr des Himmels und der Erde ...« (Mt 11,25). Ich
fahre fort, indem ich mir mit Paulus auf dem Areo-
pag die Gegenwart Gottes bewusst mache: »In dir leben wir, bewegen wir uns und sind wir« (Apg 17,28),
und schließlich noch mit Johannes: »Du hast in unserer Seele Wohnung genommen« (Joh 14,23).

Wenn ich mir Zeit nehmen kann, spreche ich öfter
die einzelnen Bitten des Vaterunser, des Gebets ›Seele Christi, heilige mich‹ nach Art des Rosenkranz-
gebets, jede Bitte zehn Mal langsam wiederholend.

Auch sonst wechsle ich gerne ab: Je nach Anliegen
zu Gott, dem Vater als sein Kind, zum mensch-
gewordenen Gottessohn als sein ›Gefährte‹ in der
›Gesellschaft Jesu‹, zum Heiligen Geist als Quell der
Gottes- und Nächstenliebe. Dabei wiederhole ich
gerne beliebig oft die Kyrie-Rufe.

Ich lasse mich also anregen vom »Geist, der weht,
wo er will« (Joh 3,8).

Erwin Bücken SJ, Berlin, geb. 1928

still.sein

Es war am Beginn der 1980er Jahre. Ich hatte gerade
das Jesuitennoviziat beendet und in Innsbruck mit
meinem Theologiestudium begonnen. Ich war in einer Krise. In mir war ein großes Durcheinander an
Gedanken und Gefühlen, an Bedürfnissen, Wünschen
und Ängsten. Manchmal wusste ich nicht mehr ein
und aus, ich war verzweifelt.
Damals ging ich oft in die Jesuitenkirche. Dort geschah etwas Wichtiges für mein Leben und Beten.
Von Kindheit an war ich es gewohnt zu beten. Ich
hatte es von meinen Eltern gelernt, wir haben es in
unserer Familie gemeinsam getan. So bat ich Gott
auch in dieser für mich so schweren Zeit um Hilfe.
Ich brachte ihm meine Anliegen vor, teilte ihm meine Gedanken mit und drückte meine Gefühle vor ihm
aus. Als ich in meinem inneren Chaos so dasaß, meine Augen auf den goldenen Tabernakel in der dunklen Kirche gerichtet, wurde ich nach einiger Zeit gewahr, wie meine Gedanken und Gefühle allmählich
leiser wurden und in den Hintergrund traten. In den
Vordergrund traten Ruhe und Frieden und eine stille Freude. Ich wurde mir eines Daseins bewusst, das
nicht ich hervorgebracht hatte, eines Seins, das nicht
ich, aber in mir war. In solchen Momenten spürte
ich kein Bedürfnis mehr, mit Gott zu sprechen. Da
war nur noch der Wunsch, bei diesem inneren Empfinden der Gegenwart Gottes zu verweilen und sie
wirken zu lassen. In diesen Augenblicken war alles
da, es musste nichts mehr weg, und es fehlte nichts.
Alles war so gut. Überrascht und erstaunt, aber erfüllt,
verließ ich nach solchen Zeiten die Kirche.
Das Erleben in der Jesuitenkirche lockte und schick-

te mich auf den Weg, immer wieder die Stille zu suchen, sie auszuhalten, sie zu bewahren und sie zu mir sprechen zu lassen. Stille wurde mein Gebet.

Die Stille drängt sich nicht auf. Lärm, Geräusche, Stimmen – äußere wie innere – dringen ständig an unser Ohr. Der Stille aber muss man sich aktiv zuwenden, man muss auf sie lauschen, will man ihrer bewusst werden.

Bis heute versuche ich mich immer wieder der Stille zuzuwenden. In der Natur, in einem stillen Raum, im Atem. Manchmal entdecke ich gleich das Einladende und Anziehende von ihr. Manchmal nicht. Häufig gehen mir tausend Gedanken durch den Kopf, wichtige und unwichtige, interessante und belanglose. Mir kommt etwas in den Sinn, was ich vergessen habe zu erledigen. Oder ich überlege, was ich am Sonntag predigen könnte. Oder es taucht ein Mitbruder auf, mit dem ich einen Konflikt hatte. Und schon bin ich in einer inneren Auseinandersetzung mit ihm. Argumente gehen hin und her, ich werde ärgerlich, ja wütend.

Ich kenne es gut: Wenn es äußerlich still wird, wird es oft innerlich umso lauter. Und dann? Im Laufe der Zeit und unter Anleitung vieler Menschen habe ich gelernt, meine Aufmerksamkeit, die von Gedanken und Gefühlen abgezogen wird, bestimmt und geduldig – sanft – immer und immer wieder der Stille, die ja da ist und da bleibt, zuzuwenden. Ich versuche alles, was mir durch Kopf, Herz und Bauch geht, wahrzunehmen, zuzulassen und wieder loszulassen. Stille wird und ist so der Raum, in dem alles da sein darf, in dem ich da sein darf, wie ich bin. Die Stille nimmt sich allem in mir an, sie nimmt alles in sich auf.

Nicht, dass es immer so ist, nein. Aber ich mache die

für mich beglückende Erfahrung, dass das konsequente Bleiben bei der Stille bzw. Zurückkehren zur Stille einen weiten Raum in mir öffnet und Friede und Befriedung einkehren lässt. Und so fängt die Stille allmählich an zu sprechen. Es sind keine Worte, die sie sagt. Sie spricht durch ihr Sein. Sie nährt, kräftigt, erfüllt. Sie lässt das tiefe Wissen aufsteigen, dass ich bin und dass Er ist. Dass wir sind. Eins. Das ist alles, und es ist wirklich alles. Es ist das Wesentliche. In der Stille wird das Ewige Wort laut, sagt Meister Eckhart – und hörbar. Ich bin für diese Erfahrung und diesen Weg unendlich dankbar.

Bernhard Bürgler SJ, Wien, geb. 1960

Pass mir auf den Jörg auf!

Ich gehöre zu den Menschen, die denken: Gott braucht nicht unser Gebet. Wir müssen ihn nicht bestürmen. Er lässt seiner Schöpfung die Gesetzlichkeit und uns den Freiraum und wirkt nicht immer Überraschendes oder gar Wunder, nur damit wir in unseren Wünschen oder unseren Nöten gestärkt werden. Aber ich merke, dass ich sehr gerne bei vielen Anlässen, besonders während der Eucharistiefeier, Menschen in mein Gebet einschließe, die mir nahestehen oder in Not sind – und vor allem dort, wo ich keine Lösung sehe.

Dafür habe ich wahrscheinlich neben einer positiven Grundentscheidung für das regelmäßige Schweigen und Beten – ich unterscheide beides nicht wirklich – einen Impuls erhalten, der für mich immer neu Ansporn ist: Eine Ordensfrau und Mathematiklehrerin an einem Gymnasium in Augsburg hatte ein paar Mal Exerzitien gemacht, die ich begleiten durfte. In ihrer Gemeinschaft hielt man sie für eine tiefgläubige Frau; in Wirklichkeit war sie von vielen Zweifeln geplagt und zeitlebens eine ringende und suchende Schwester, die eher eine Gottesferne verspürte als das Empfinden hatte, in Gottes Händen geborgen zu sein. Diese Schwester wurde mir nicht nur durch viele Exerzitien zu einer Freundin. Vielmehr wusste sie durch Gespräche mit mir, dass auch für mich viele Fragen offen waren und ich keine Antwort, geschweige denn Lösungen für persönliche Nöte habe. Das hat sie aber nicht abgehalten, immer wieder einmal Exerzitien zu machen und sich von mir begleiten zu lassen.

Und dann ging sie jeweils ein wenig gestärkt oder

auch getröstet nach Hause in ihren eigenen Konvent. Die Fragen und Nöte blieben, sie konnte sie aber ertragen oder sogar oft tragen. Aber was tat diese Schwester? Jeden Abend, bevor sie selbst ins Bett ging, machte sie noch den Gang in die Hauskapelle ihres Klosters und verweilte dort mit ihren eigenen Fragen und mit Gedanken zum ausklingenden Tag in der Dunkelheit des Kirchenraumes. Nur das rote Lichtlein flackerte und deutete ihr an, dass Christus zugegen ist, auch wenn sie dieses nicht greifen und schon gar nicht begreifen konnte. Und am Ende sagte sie in ihrem Herzen und in die Dunkelheit hinein: »Guter Gott, pass mir auf den Jörg« – also mich – »auf; der hat es nötig, dass Du ihm zur Seite stehst.«

Dass eine Mutter, ein Vater für die Kinder beten; dass wir als Kinder für unsere Eltern Hoffnungen und Wünsche an Gott herantragen, das ist fast »natürlich«. Aber dass jemand, der selbst um den Glauben ringt und an einer bitteren Gottesferne leidet, sich dennoch Tag für Tag dieser Bitte erinnert und sie ausspricht: »Guter Gott, passe mir auf den Jörg auf!«, das nimmt mich in die Pflicht. Und diese Pflicht ist weniger ein »Auch du musst beten!«, sondern eine Einladung: »Lasse andere erfahren, dass es dich, guter Gott, gibt; dass wir dir nicht gleichgültig sind; dass du uns liebst.« Seit dieser Zeit empfinde ich den 139. Psalm als eines der schönsten Gebete, die ich kenne: »Herr, du hast mich erforscht und du kennst mich. Ob ich sitze oder stehe, du weißt von mir. Noch liegt mir das Wort nicht auf der Zunge – du, Herr, kennst es bereits. Du umschließt mich von allen Seiten und legst deine Hand auf mich …«

Jörg Dantscher SJ, Nürnberg, geb. 1941

Im Wort bleiben

Für mein Gebetsleben prägend war das Jahr vor meinem Ordenseintritt, das ich als Student im Heiligen Land verbrachte. Unvergesslich bis heute die überwältigende Stille eines Wüstenaufenthaltes auf dem Sinai. Geradezu physisch erfuhr ich damals, dass das *Wort* in der Stille und im Schweigen empfangen wird. An jedem Heiligen Abend denke ich daran zurück, wenn es in der Liturgie heißt: »Als tiefes Schweigen das All umfing und die Nacht bis zur Mitte gelangt war, da sprang dein allmächtiges Wort vom Himmel, vom königlichen Thron herab ...« (Weish 18,14f). Ein Leben ohne regelmäßige Tage des Schweigens, um das Wort wieder neu zu empfangen, ist für mich seit damals nicht mehr vorstellbar.

So deutlich und unverwechselbar ich immer wieder das Wort vernommen habe und vernehme, gab und gibt es auch Zeiten, in denen ich sehr unter der Zerstreuung im Alltag leide und die Fokussierung auf das Wort einfach nicht gelingen will. Gerade in diesen Zeiten aber wächst mein Hunger nach dem Wort spürbar. Umso beglückender, wenn es dann plötzlich und unerwartet zu einer Begegnung mit dem Wort kommt, sei es in der Stille der Kammer, sei es in einer menschlichen Begegnung. Nicht selten halte ich beim Beten des Stundengebetes der Kirche dankbar Rückschau, wie mich das Wort während des Tages überrascht hat: »Kamen Worte von dir, so verschlang ich sie; dein Wort war mir Glück und Herzensfreude« (Jer 15,16).

Mein Selbstverständnis als Jesuit und Priester speist sich wesentlich aus der Botschaft von der Menschwerdung: »Und das Wort ist Fleisch geworden«

(Joh 1). Auf Menschen am Rande zuzugehen kostet mich fast immer Überwindung. Und doch habe ich gerade in Begegnungen mit Armen und Kranken, Trauernden, Flüchtlingen und Drogenabhängigen erstaunliche Erfahrungen der Nähe Gottes gemacht. Das Wort führt mich zum Fleisch und das Fleisch zum Wort.

Wenn beim (Stunden-)Gebet oder bei der Lektüre anderer geistlicher Texte ein Vers oder ein Satz zu mir spricht, unterstreiche ich diesen bisweilen mit roter Tinte. Eine Zeitlang – ich nenne es meine »Wanderjahre« – habe ich persönliche Melodien zu einzelnen Bibelversen erfunden, um sie so besser zu behalten. Bis heute begleiten mich diese auf Reisen und Spaziergängen. Begonnen hat das in der Kapelle des Maison d'Abraham in Jerusalem, in der ich an einem besonders heißen Tag Zuflucht gefunden hatte. In jeder Hinsicht ausgedürstet, suchte ich in einer dort bereitliegenden französischen Bibel nach etwas, was meinen Durst stillen könnte, und stieß auf folgenden Vers, der übersetzt lautet: »Wenn ihr in meinem Wort bleibt, seid ihr wirklich meine Jünger. Dann werdet ihr die Wahrheit erkennen, und die Wahrheit wird euch frei machen« (Joh 8,31–32). Das »Vier-Stufen-Programm« dieses Verses begleitet mich bis heute. Als im Zusammenhang mit dem Missbrauchsskandal viele kirchliche Verantwortliche von Angst und Sorge um den Ruf der Kirche erfüllt waren, habe ich es täglich wie ein Mantra für mich selbst wiederholt: »Die Wahrheit wird euch frei machen.«. Und das Wort hat Wort gehalten.

Stefan Dartmann SJ, Freising, geb. 1956

»Können Sie für mich beten?«

»Können Sie für mich beten? Ich habe dazu in meiner jetzigen Situation keine Kraft mehr, Gott ist für mich zurzeit weit weg. Ich sehe keinen Sinn in dieser Phase meiner Krankheit. Alles ist aus, ich fühle mich wie in einem großen Loch. Ich kann nicht beten, wozu auch.« So wurde ich vor einiger Zeit in der Begleitung gefragt. Meine Antwort lautete: »Ja, natürlich, ich werde für Sie beten, dafür beten, dass Gott sich für Sie wieder zeigt und er mit Ihnen ist. Und ich bete natürlich stellvertretend für Sie, wenn Sie es nicht können.«

Menschen in mein Beten mit einzubeziehen, sie mit ihren Anliegen, die sie selber oft nicht mehr in Worte fassen können, vor Jesus zu tragen, ihn zu bitten, ihr Herz zu bewegen, sich ihnen zu zeigen, ist ein wichtiger Aspekt in meinem Beten geworden. Dieses fürbittende Gebet wende ich regelmäßig in der Exerzitienbegleitung an. Es bereichert mein eigenes Beten mit dem Herrn und stärkt mein Vertrauen in Ihn. Nicht ich bin für alles und für jeden verantwortlich, sondern ich kann in solchen Momenten diejenige Person in die Hände des Herrn loslassen. Er wird das Seine dann tun. Es ist für mich eine Entlastung, nicht alles machen zu müssen.

Überhaupt für Menschen zu beten, dass der Geist Gottes sie in wichtigen Entscheidungen begleite und stärke, dass sie in dunklen Momenten Trost und Zuversicht erfahren, ist ein tiefes Anliegen geworden. Sie vor Gott zu tragen und mit ihnen vor Gott gemeinsam zu sein, das ist die trostreiche Erfahrung.

Aber es ist nicht nur das Gebet für andere, sondern ich bitte auch für mich selbst. So bete ich z.B. vor Begleitgesprächen zu Jesus, ganz präsent beim Gegenüber zu sein, auf Jesus und sein Mitgehen zu vertrauen. Im täglichen Vater Unser bete ich bewusst, mehr Seinen Willen zuzulassen und anzunehmen und damit alles am Ende in seine Hände zu legen. Ich bete immer wieder um Kraft und Zuversicht, um Geduld.

Das Danken ist ein weiterer Aspekt in meinem Beten. Dank für das Wirken Gottes z.B. bei Exerzitanten, wenn sie nach einer trostlosen Zeit Hoffnung und Licht oder die Nähe Gottes als Geschenk erfahren. Dank, wenn ich erlebe, wie Er manches in täglichen Situationen bei mir zum Guten führt oder wenn sich etwas kurzfristig geklärt hat. Es sind meist kurze Stoßgebete im Laufe des Tages.

Zu meinem weiteren Gebetsschatz gehört inzwischen ein Lieblingsgebet des Jesuiten Pierre Olivaint SJ (1816–1872). Es begleitet mich bei vielen Gelegenheiten. Es ist für mich die Bitte und die Sehnsucht, Jesus immer ähnlicher zu werden, seine Gesinnung und sein Wesen zu verinnerlichen, mit seiner Art und Weise vertrauter zu werden:

Wachse, Jesus, wachse in mir, in meinem Geist, in meinem Herzen, in meiner Vorstellung, in meinen Sinnen.

Wachse in mir in deiner Milde, in deiner Reinheit, in deiner Demut, deinem Eifer, deiner Liebe.

Wachse in mir mit deiner Gnade, deinem Licht und deinem Frieden.

Wachse in mir zur Verherrlichung deines Vaters, zur größeren Ehre Gottes.

Ludwig Dehez SJ, Nürnberg, geb. 1948

Gebet als Antwort

Mein Beten ist geprägt von den jeweiligen inneren und äußeren Umständen, in denen ich mich gerade befinde. Ich versuche, mein ganzes Leben, alles, was mich beschäftigt, was mich freut, woran ich leide, vor Gott zu bringen und es von Gottes Liebe durchdringen zu lassen.

Beten ist für mich ein Weg, den ich jeden Tag neu beginnen muss und beginnen darf. Ich habe das Gebet sozusagen nicht »in der Tasche«, weil ich Gott nicht »in der Tasche habe«. Meistens bete ich so: Ich versuche, ruhig zu werden und mich zu sammeln. Ich erinnere mich daran, dass der unbegreifliche und in allem mächtige Gott jetzt und hier gegenwärtig ist, dass er in mir ist, um mich herum, und dass ich in seiner Liebe geborgen bin, geschehe, was immer geschehen mag. Ich verweile in dieser eigentlichen Glaubenshaltung und drücke dann in ungezwungener Weise gegenüber Gott mein Vertrauen, meinen Dank, meine Freude oder meine Nöte aus.

Wenn diese Weise des Betens schwierig ist, lese ich eine Stelle aus der Heiligen Schrift oder meditiere ein Glaubensgeheimnis und beziehe es auf meine Situation. Besonders hilfreich ist es für mich, wenn ich mir die Allmacht und unendliche, alles Begreifen übersteigende Vollkommenheit Gottes vergegenwärtige und das Wunder, dass ich armer Sünder von diesem Gott bedingungslos geliebt bin. Häufig bestimmen drei Fragen mein Beten: 1. Wer ist Gott? 2. Wie verhält sich dieser Gott mir gegenüber? 3. Was bedeutet das für mein Leben?

Beten ist für mich Antworten auf Gottes Wort, das er in Jesus ein für alle Mal gesprochen hat. Ich muss nicht den Dialog mit Gott eröffnen, sondern kann mich freuen, von Gott angesprochen zu sein. Gott hat immer das erste und auch das letzte Wort. Dabei vertraue ich darauf, dass Gott in meinem Beten die Stimme seines eigenen Sohnes hört. Beten hat für mich eine trinitarische, christologische und pneumatologische Struktur: Ich habe Gemeinschaft mit Jesus Christus und deshalb auch Anteil an seinem Verhältnis zum Vater. Der Vater liebt mich so wie seinen eigenen Sohn, er identifiziert mich sozusagen mit Jesus, er erfüllt mich mit Heiligem Geist. Mein Gebet ist einbezogen in das Gebet Jesu zum Vater. Nur deshalb erreicht es den ewigen Gott. Daraus erwächst für mich eine gewisse Unabhängigkeit von momentanen emotionalen Zuständen beim Beten. Und die Höchstform des Gebetes ist für mich die gemeinsame Feier der Eucharistie.

Warum bete ich? Ich bete, damit mein Glaube am Leben bleibt. Beten ist ja der Grundvollzug des Glaubens. Und aus dem Gebet fließen Hoffnung und Liebe. Das Gebet hilft mir, mich und meine Sorgen zu relativieren, die Dinge in der angemessenen Perspektive zu betrachten. Beten ist für mich eine Überwindung von Angst. Es führt mich in die Weite Gottes, es entgrenzt meine kleine, egoistische Welt und macht mich frei, mich auf die wirkliche Welt und auf die Forderungen des Tages einzulassen. Das Gebet hilft mir, alles im Licht der Liebe Gottes zu verstehen. Und weil mein eigenes Gebet immer unvollkommen und fragmentarisch bleibt, ist es für mich sehr tröstlich zu wissen, dass Gott immer da ist, ob ich nun ausdrücklich bete oder nicht.

Robert Deinhammer SJ, London, geb. 1977

Beten lassen

Mit dem Beten habe ich eine lange Geschichte. Ein erster großer Fortschritt dabei war die Entdeckung der Schriftbetrachtung, die auch heute noch eine wichtige Rolle spielt, u.a. bei der Vorbereitung von Predigten. Nicht viel später lernte ich das stille Sitzen kennen. Es sprach mich irgendwie an, trotz mancher körperlicher Schmerzen, das es mir bereitete. In den folgenden Jahren, ja Jahrzehnten, machte mein Gebet einige Verwandlungen durch in Richtung einer Vereinfachung: Eine war hin zum Jesusgebet, eine andere, mir sehr wichtige, führte mich zum aufmerksamen Verweilen bei meinen Empfindungen oder Gefühlen oder überhaupt bei dem, was meine Aufmerksamkeit an meinem Inneren interessierte. Was sich so zeigte, sprach ich Gott gegenüber aus, ähnlich wie die Psalmisten es taten. Und die bisher letzte Verwandlung, die mich zuerst ängstigte, besteht darin, dass ich beim Beten alles lasse, sogar das Beten selbst. Ich überlasse mich. Ich tue nichts mehr: Ich wende mich keinem Gott zu – was ich ja ohnehin nur vermag, wenn er mich zu sich zuwendet –, ich formuliere keine Gedanken, ich lasse mein Erkennen- und Genießen-Wollen. So gelange ich in eine Präsenz, in der nichts ist, was ich irgendwie begreifen könnte. Diese Präsenz würde ich durch eine Aktivität meinerseits nur verletzen. Irgendwie scheint ihr »Nichts« mit Liebe erfüllt zu sein. Nachdem ich mein Gebet beendet habe, fühle ich mich oft wie erfrischt. Ich komme mir zentrierter, gelassener, klarer und vielleicht auch ein wenig liebevoller vor.

Bertram Dickerhof SJ, Hadamar, geb. 1953

Drei-deutige Psalmen

Das Gebet als Anbetung Gottes ist die Antwort auf Gottes Liebe. Deswegen ist es meine erste Aufgabe als Mensch, als Christ und als Jesuit.

In den verschiedenen Abschnitten meines Lebens habe ich ein Reihe von Gebetsformen kennengelernt und angewandt: Vaterunser, Rosenkranz, Jesusgebet, Anbetung des Herrn in der Monstranz, Fürbitten, Meditationen, der wortlose Blick auf den Gekreuzigten und immer wieder als Höhepunkt des Betens: die Eucharistiefeier. Alle waren und sind für mich wertvolle Hilfen für das tägliche Gespräch mit Gott.

Einen wichtigen Platz des kirchlichen Gebetes nehmen die Psalmen ein. In meinen ersten Priesterjahren erschien mir das Stundengebet mehr als Pflichtübung denn als echte Hilfe. Heute habe ich entdeckt, welche geistliche Schatzkammer die Psalmen darstellen.

Ich ziehe das private Beten der Tageszeiten (Laudes, Vesper usw.) dem gesungenen oder gesprochenen Gottesdienst in Gemeinschaft vor. Da kann ich leichter bei bestimmten Psalmen und Versen verweilen, aber auch Verse überspringen, die mir zu »holprig« erscheinen. In meinem Brevier habe ich Stellen angekreuzt, die mir besonders zusagen oder die mich an Einsichten erinnern.

Jeder Psalm (aber nicht jeder Vers) kann mich bereichern und zum Beten leiten. Dabei folge ich den drei klassischen Blickwinkeln oder Zeitphasen:

Zuerst schaue ich den Text an, wie er vom alttestamentlichen Beter im Tempel erlebt wurde: als Dank, Bitte, Aufschrei, weise Einsicht ... Der König, das Volk Israel, eine Gruppe oder ein einzelner Beter stehen vor Gott. Ich versuche, mich in ihre Lage zu versetzen und mit ihnen zu beten. Um den Ursprung des Psalms besser zu verstehen, seine Struktur und die geschichtliche Situation, nehme ich ab und zu einen wissenschaftlichen Kommentar zu Hilfe.

Danach, in einer zweiten Deutung, lese ich den Psalm christologisch. Jesus hat als frommer Jude regelmäßig mit Worten der Psalmen gebetet. Ich erlebe gleichsam, wie er mit dem Vater spricht. Oder ich höre, was der Psalm über Jesus Christus sagt. Manche Texte sind sehr deutlich auf ihn bezogen, z.B. auf sein Leiden (Ps 22) oder seine Auferstehung (Ps 118), andere haben nur einzelne Verse, die auf Christus hinweisen.

Besonders in den Klagepsalmen höre ich auch die Stimme des jüdischen Volkes, das um Hilfe schreit in seinen jahrhundertelangen Leidenserfahrungen, die in Hitlers Vernichtungslagern gipfeln. Hier sind der leidende Gottesknecht Israel und Christus nicht voneinander zu trennen.

In einer dritten Phase erlebe ich meine eigene Situation. Ich spreche einzelne Verse als mein persönliches Gebet. Sie sind Formulierungen, die meine innere Haltung wiedergeben, mich motivieren und mir helfen, besser mit Gott zu sprechen.

Wenn ich im Brevier einen Psalm bete, gleiten die drei Dimensionen ineinander. Ich weiß auch, dass ich dann in Bitte, Dank und Anbetung mit der weltweiten Kirche vor Gott stehe.

Klaus P. Dietz, Stockholm, geb. 1941

Herunter vom hohen Ross

Die entscheidende Wende in meinem Gebetsleben ereignete sich bei Meditationsexerzitien um die Jahreswende 1988/89. Ich war zu P. Franz Jalics SJ in Gries gegangen, weil mein Beten ›trocken‹ geworden war. Bis dahin hatte ich dieses ›östliche‹ Sitzen als nicht christlich abgelehnt – doch ich war an einen Punkt gekommen, wo die mir vertrauten Formen ausgedörrt waren und nichts mehr weiterging. Nach den Anweisungen unseres Ordensgründers Ignatius ist in so einem Fall nach den Wurzeln dessen und nach Wegen daraus zu suchen.

Wie aber kam es so weit? In einem christlichen, doch liberalen Elternhaus aufgewachsen, begleitete mich Beten seit der Kindheit, eines davon heute noch: »Die Eltern mein befehl ich dir, behüte, lieber Gott, sie mir, vergilt, o Herr, was ich nicht kann, das Gute, das sie mir getan!«.

In der Jugend setzte es sich fort. Als Fahrschüler hatte ich nahezu täglich die Gelegenheit, zwischen Schulende und Abfahrt des Zuges in der Kapuzinerkirche in Feldkirch vor Gott zu verweilen und mein Herz zu öffnen. Dort ist meine Berufung gewachsen und hat sich gefestigt. Auch hat Gott mir damals schon eine Liebe zu seinem Wort gegeben, und ich las gerne in der Bibel.

Der Eintritt ins Noviziat in Nürnberg, 1972, brachte eine vielfache Bereicherung des Gebetslebens: tägliche Messe, feste Zeiten dafür, ›Examen‹ (= besinnlicher geistlicher Rückblick auf den Tag), Bibelgespräche, Exerzitien mit gezielten Schriftbetrachtungen, u.a. Diese guten Traditionen trugen mich über Jahre, schenkten Freude und ließen immer wieder auch

Gottes Nähe verspüren. Solche ›Gnaden‹ halfen, darin treu zu bleiben, auch über Zeiten hinweg, in denen sich nicht so viel ›bewegte‹.

Doch mit der Zeit wurde es wie eine Wüste, trotz aller Bemühungen. An diesem Tiefpunkt entschied ich mich, die mir verpönte Form der Meditationsexerzitien einmal zu versuchen, weil ich ohnehin ›nichts mehr zu verlieren‹ hatte.

Die ersten Tage waren hart. Vom Typ her ungeduldig, ist längeres regungsloses Verweilen mir eine Herausforderung. Dazu war mein Körper anfangs unfähig, einen der üblichen Meditationssitze auszuhalten – und auf dem Stuhl wollte ich nicht sitzen, das passte für mich einfach nicht. Von dem ›Kommen in die Gegenwart‹ oder einem ›Spüren in den Händen‹, auf das man achten sollte, vernahm ich auch nichts.

Dafür gingen mir in dieser Zeit meine Grenzen auf, so deutlich wie selten zuvor. Das Wenigste dabei waren die körperlichen Schmerzen durch das Sitzen; viel wesentlicher waren die Erkenntnis meiner Einbildung und Arroganz, das Anerkennen der eigenen Unfähigkeit zu beten, es in keiner Weise ›machen‹ zu können, die ›Bekehrung‹ weg von einer Aburteilung von mir gar nicht Bekanntem hin zu einer Öffnung auch für andere Formen der Gegenwart Gottes – und das im Verweilen vor ihm, ohne dass er sich von mir distanzierte. ›Herunter vom hohen Ross‹.

Nach etwa vier Tagen ›kippte‹ es zu einer solchen Erfahrung von seiner Nähe, die weit mehr als Glück ist. Die ›Wüste‹ begann zu blühen: Die Meditationszeiten, viele Stunden pro Tag, vergingen wie im Flug. Der Kniesitz auf dem Hocker, bis dahin mir physisch unmöglich, wurde seither meine bevorzugte Gebetshaltung – ich liebe dieses Knien vor Gott am Boden.

Vom hohen Ross meiner Vorurteile und Anmaßungen brachte er mich hinunter.

Auch andere Formen der Heilung durfte ich in diesen Tagen erleben: Mein Geschwür am Zwölffingerdarm, das sich schon mehrere Jahre wiederholt mit Brennen meldete, ging ganz zurück und belastet mich seither nicht mehr. Und ein wenige Monate zuvor erlittenes schweres und verletzendes Unrecht wurde wie weggenommen, jegliche Bitterkeit darüber verschwand, und ich kann der dafür verantwortlichen Person ohne Hass oder Nachtragen begegnen.

Die Erfahrung damals hat mein Leben anhaltend verändert. Es wurde eine Kraft geschenkt, die über viele Jahre hinweg großen Einsatz und erstaunliche Fruchtbarkeit bewirkte. Ich bete weiterhin meditierend im Kniesitz, am liebsten in der Anbetung jeden Donnerstagabend in der Krypta unserer Jesuitenkirche in Innsbruck, doch auch auf andere Weisen: Wenn ich in der Natur unterwegs bin, mit Gott sprechend. Morgens und abends ist es mir seit Jahrzehnten täglich eine Freude, auswendig gelernte Psalmen auf Hebräisch zu beten. Jeden Tag denke ich auch auf meinen Wegen vor Gott an einige Menschen, die mir nahe sind oder die ich in Not weiß, und monatlich besonders für alle Bekannten.

Das Wertvollste in meinem Leben ist die Beziehung zu Gott, die ich im Beten als überaus erfüllend erfahren darf. Er ließ mich auch entdecken, dass dies ein zentrales Anliegen der Bibel ist, und mich zusammen mit Knut Backhaus ein Buch dazu schreiben. Er möchte, dass wir uns an ihn wenden und im Beten erleben, wie er uns ganz nahe kommt.

Georg Fischer SJ, Innsbruck, geb. 1954

Mit Körper und Geist

Seit Jahren versuche ich immer wieder auch meinen Körper ins Beten mit einzubeziehen, damit im Gebet meine Gedanken, meine Gefühle und mein Körper mehr zueinanderfinden. Es gelingt mir mit mehr oder weniger Erfolg, oft auch gegen äußere und innere Widerstände. Einige Empfehlungen von Ignatius aus dem Exerzitienbuch haben mich dazu ermuntert, auf diesem Weg zu experimentieren, um im Gebet »besser zu finden, was man sucht« (GÜ 73). Und wenn ich »finde, was ich begehre«, werde ich ohne ängstliche Sorge, weitergehen zu müssen, ruhig verweilen, »bis ich mir genuggetan habe« (»hasta que me satisfaga«, GÜ 76).

Eine Ausgangsmotivation ist der Wunsch, inneren Sehnsüchten mehr auf die Spur zu kommen, diese mit Gebetshaltungen körperlich auszudrücken und so meine Gedanken und das körperliches Fühlen besser zu verbinden. Darüber hinaus hilft mir das Einbeziehen meines Körpers, im Gebet frühzeitiger und effektiver den Ablenkungen entgegenzuwirken, um »klarer« vor Gott da zu sein und dem Körper »freien Lauf« zu geben, wohin der Geist ihn bewegen möchte.

Am Anfang einer Gebetszeit berühre ich manchmal mit meinen Händen Ohren, Mund, Augen und Stirn (als Ort der Gedanken) und bitte dabei Gott, das jeweilige Sinnesorgan und mit ihm meine Gedanken auf den Herrn hin zu orientieren. Wenn ich z.B. meine beiden Hände übereinander auf meine Brust lege, spüre ich eine Wärme, die mir hilft, gesammelt da zu sein und dem Abschweifen der Gedanken ein wenig entgegenzuwirken. Diese Haltung nehme ich auch immer wieder ein, wenn ich im persönlichen Gebet oder in der Feier der heiligen Messe Andacht verspüre.

Manchmal versuche ich eine Gebetshaltung mit den Armen und Händen einzunehmen, die meinen Gefühlen in diesem Moment im Gebet entspricht oder meine Sehnsucht ausdrückt. Wenn ich mich weiter beschenken lassen will, erhebe ich etwa dankbar und staunend die Hände. Oder ich strecke Gott voll Erwartung die Arme entgegen: wie ein trockener Baum, der seine Äste und Wurzeln nach dem notwendigen Regen ausstreckt.

Als hilfreich hat sich mir auch erwiesen, die Augenbewegungen wahrzunehmen und sie mir bewusst zu machen. Versuche ich, bei geschlossenen Augen, mit gelassener Konzentration und nach vorne gerichteten Augen den Herrn zu suchen, erhöht sich meine Aufmerksamkeit und Wachheit (»Dein Angesicht, Herr, will ich suchen«, Ps 27,8).

Mein Gebet beende ich oft mit einer Verneigung oder, nach der Feier der heiligen Messe, bevor ich die Kirche verlasse, mit einer Kniebeuge. Dabei bete ich manchmal mit den Worten: »Herr, lass nicht zu, dass ich mich nur vor Dir verneige und nicht vor den Menschen, denen ich heute begegne«, oder: »Herr, so wie ich mich jetzt vor Dir verneige, so möchte ich mich auch den Menschen gegenüber verhalten, denen ich heute begegne« (vgl GÜ 75). So versuche ich mit der Hilfe des Herrn, dass meine Gedanken, meine Gefühle und mein Körper immer mehr zueinanderfinden.

Benjamin Furthner SJ, Madrid, geb. 1976

Offizielle Texte und Variationen

Ich marschiere jeden Morgen im Englischen Garten und nehme dazu das Tagesevangelium mit. Aber zu Anfang des Weges bete ich immer:

»In Demut bet' ich Dich, Dreifaltge Gottheit, an,
die Du den Schleier hier des Kosmos umgetan.
Mein Herz, das ganz in Dich anschauend sich versenkt,
sei ganz Dir untertan, sei ganz Dir hingeschenkt.«
Es folgt:

»Heilig, heilig, heilig bist Du, Herr Gott der Heerscharen, Himmel und Erde sind erfüllt von Deiner Herrlichkeit, hochgelobt sei der da kommt im Namen des Herrn, Hosanna in der Höhe«.

Und dann: »Wir loben Dich, wir preisen Dich, wir beten Dich an, wir rühmen Dich und danken Dir, denn groß ist Deine Herrlichkeit. Herr und Gott, König des Himmels, Gott allmächtiger Vater. Herr und Gott, Lamm Gottes, Sohn des Vaters, Du nimmst hinweg die Sünden der Welt, erbarme dich unser. Denn Du allein bist der Heilige, Du allein der Herr, Du allein der Höchste, Jesus Christus, mit dem Heiligen Geist zur Ehre Gottes des Vaters. Amen.«

Es sind die offiziellen Texte, aber am Tagesbeginn helfen sie mir, mit Ihm anzufangen. Seit einiger Zeit sage ich dem Herrn dann – wieder in meinem Zimmer sitzend – vor den Psalmen des Breviers: »Heute ist der letzte Tag meines Lebens. Er sei zu Deiner Ehre.«

Dann versuche ich still zu sein, und Ihn in mein Herz schauen zu lassen.

Abends bete ich mit Gewinn Rosenkranz und habe einige Änderungen in den »Geheimnissen«, z.B.

Schmerzhafte Geheimnisse: »Der im Garten mit der Flucht gekämpft hat«, »der das schreckliche Kreuz geschleppt hat«, »der ans Kreuz genagelt wurde«. Glorreicher Rosenkranz: »Der durch den Tod hindurchgegangen ist«, »der in die Herrlichkeit des Vaters eingegangen ist«, »der uns heiligen Geist geschenkt hat«, »der dich in die Herrlichkeit des Vaters aufgenommen hat«, »der dich in seine Arme geschlossen hat«.

Eberhard von Gemmingen SJ, München, geb. 1936

Gott – das Du meines Lebens

Beten heißt für mich, Du-Beziehung zu Gott aufnehmen, tiefer erneuern, persönlicher erfahren. Was
mich immer wieder erstaunt, ja bestürzt und erfreut:
dass ich »Du« zu Gott sagen darf und »Vater«; dass Jesus das von mir erwartet – ich kleines, selbstbezogenes
Wesen, eines unter Milliarden, »Du« zu dem Einzigen,
dem unendlich Großen, Heiligen und Freien, zu dem,
der das Leben ist und die Liebe, die größer und hin-
gebender nicht gedacht werden kann (Joh 15,13).

Dabei wird mir immer mehr dankbar bewusst, dass
ich in diesem Beten, in diesem Mich-Hinwenden
zum Du Gottes mehr und mehr mein eigenes und
eigentliches Ich finde, zu mir komme und zu meinem Nächsten. Denn »der Mensch wird erst dann
richtig Mensch, wenn er lernt, Du zu sagen« (Martin
Buber); zumal wenn dieses Du Gott ist. Dieses Du-
Sagen meint: bereit sein für Gott, der »vor meiner Tür
steht und anklopft«; meint, »sein Anklopfen hören
und ihm meine Tür öffnen« (Offb 3,20); meint, ihn
und »seine Liebe gläubig annehmen« (1 Joh 4,16),
ihn in mein Leben »aufnehmen« (Joh 1,12).

Doch was besagt das alles konkret für mein tägliches
Beten? Abgesehen vom Stundengebet (Psalmen) und
vom gemeinsamen Beten (Eucharistiefeier) bete ich
seit Jahren im Wesentlichen in zweifacher Weise: Es
ist das meditative Gebet und das Kurz- oder Stoßgebet.

Mein betrachtendes Beten richtet sich vornehmlich
auf Jesus. Er ist hier mein Gesprächspartner. Es ist
der Wunsch, ihm zu begegnen, ihn tiefer zu erkennen, persönlicher zu erfahren. Ich tue das im Erwägen
der Berichte der Evangelien über sein Leben; die

Worte (der Heiligen Schrift) zeigen mir das *Wort*, das Mensch geworden ist und »in dem Gott mit seiner ganzen Fülle wohnen wollte« (Kol 1,19; 2,9). Ich tue das auch im einfachen Schauen auf den Herrn am Kreuz oder im Tabernakel und im Erwägen, was er für mich getan hat, was er mir tun soll, was ich für ihn tun kann, tun soll (Exerzitienbuch 53). Papst Franziskus sagt dies so: »Wie gut tut es, vor einem Kreuz zu stehen oder vor dem Allerheiligsten zu knien und einfach vor seinen Augen da zu sein« (Die Freude des Evangeliums 264).

Kurz- oder Stoßgebete bete ich seit meiner Jugend. Sie richten sich auf den einen Dreifaltigen Gott. Es sind Worte der Schrift, der Liturgie, des Ignatius oder auch eigene Worte. Ich bete sie in stillen Momenten des Tages, einmal dieses, einmal jenes. Im Laufe der Jahre haben sie gewechselt, einige sind verklungen, andere haben mein Herz erfasst. Seit einigen Jahren sind es vornehmlich diese: »Herr, auf Dich vertraue ich, in Deine Hände lege ich mein Leben« (Komplet). Deine Barmherzigkeit, o Gott, ist meine Hoffnung. »Ich lebe im Glauben an Jesus, den Sohn Gottes, der mich geliebt und sich für mich hingegeben hat« (Gal 2,20). Komm, Heiliger Geist, »gib, dass ich in Deinem Geist das, was recht ist, erspüre und Deines Trostes mich allezeit erfreue« (Gotteslob 342). Ich erbitte »die Gnade, dass all mein Denken, Wollen und Tun rein auf den Dienst und das Lob Gottes ausgerichtet seien« (Exerzitienbuch 46).

Zum Schluss ein Gebet, das ich in den Exerzitien vor meiner Priesterweihe (1958) lernte und seitdem immer wieder bete: O Gott, »in dem wir leben, uns bewegen und sind« (Apg 17,28), der in unserer Seele »Wohnung genommen hat« (Joh 14,23), gib meinem

Herzen das beständige Gefühl Deiner Gegenwart, damit ich, der ohne Deine Hilfe nichts vermag, durch den ständigen Umgang mit Dir zum guten Menschen gebildet werde.

Es atmet den Geist des Psalms 23: »Ich fürchte kein Unheil, denn Du bist bei mir«.

Johannes Günter Gerhartz SJ, Köln, geb. 1926

Beten mit dem Tagebuch oder:
Er bekommt es schriftlich

Ja, wie bete ich eigentlich? Natürlich bete ich mehrmals täglich. Aber die entscheidende Zeit für mich ist die Betrachtungszeit. Also die Zeit, wo ich »selber« bete und keinen vorgeformten Text spreche. Seit meiner Ministrantenzeit nenne ich das so: »selber beten«. Damals habe ich damit angefangen. Und später dann im Orden habe ich gelernt, dass man es Betrachtungszeit nennt. Und dafür habe ich in meinem Zimmer eine Gebetsecke mit meinem Lieblingsbild, einer Ikone von George Rouault, genannt ›La Sainte Face‹. Es ist das heilige Gesicht Jesu, wie es sich im Tuch der Veronika abgebildet hat. Jesus hat auf diesem Bild große, alles durchdringende, doch liebevolle Augen. Sie schauen mich direkt an. Ich zünde die Kerze an. Ich setze mich gerade auf meinen Stuhl. Und dann beginne ich zu beten. Das Gebet kann in der Form sehr unterschiedlich sein.

Manchmal ganz ohne irgendeinen Bibeltext. Dann sage ich nur immer wieder: »Komm, Herr Jesus« oder »Erbarme Dich, o Jesus« – aber das sind ja auch Worte aus dem Evangelium. Manchmal bete ich mit einem Abschnitt aus der Bibel. Manchmal – meist wenn es mir nicht so gut geht – bete ich mit meinem Tagebuch. Dann schreibe ich vor dem Heiligen Antlitz hinein, was mich gerade belastet. Was ich nicht verstehe. Was mich wütend oder traurig macht. Ich versuche so ehrlich zu sein, wie ich irgend kann. Und ich versuche, so sehr in die Tiefe zu dringen, wie es irgend geht.

Das Schreiben hilft in den Zeiten der Verwirrung, der Aufwallung, der Wut, der Ohnmacht, der Verlassenheit, des Chaos und der Angst, einen Abstand zu den Gefühlen und Erfahrungen herzustellen. Was auf dem Papier ist, das ist heraus aus mir. Das kreist nicht mehr in mir herum. Das schafft eine Distanz. Beim Niederschreiben geschieht Ähnliches wie beim Gespräch. Durch das Reden und Aussprechen klärt sich die Trübnis, wenigstens etwas. Das Aussprechen hilft mir, mich zu verstehen. Und so auch beim Schreiben. Durch das Aufschreiben objektiviert sich das Gefühl. Es wird anschaubar. Es steht mir gegenüber. Das ist das Gute bei der schriftlichen Gebetszeit.

Es kann am Anfang sein, dass ich es gar nicht recht auf das Papier bringe. Dass sich die Feder sträubt. So wie ich manches nicht zu sagen wage, wage ich es auch nicht, es aufs Papier zu bringen. Dann nehme ich ein eigenes Blatt, das ich nachher leicht verbrennen kann. Oder ich schreibe total unleserlich oder immer wieder über den eigenen Text drüber. Da ist dann nur noch Chaos auf dem Bogen. Aber es ist immerhin schon mal raus. Es nimmt mich nicht mehr so gefangen und ich bin freier.

Das schriftliche Beten hilft auch noch bei einer anderen Gelegenheit, nämlich dann wenn ich müde bin, wenn ich mich nicht gut konzentrieren kann und die Gedanken immer abschweifen. Da ist Beten schwer und fast unmöglich. Schreiben hilft, bei der Sache, besser, beim Beten, bei Jesus zu bleiben. Und da staune ich dann zuweilen, was da doch noch auf der weißen Fläche wächst.

Und ein letzter Vorteil des schriftlichen Gebets, des Betens mit dem Tagebuch: Im Laufe der Jahre sammelt sich einiges an solchen Gebetbüchern an. Es lohnt sich, nach Jahren einmal in so einem alten Tagebuch zu lesen. Ich habe noch mein erstes. Das habe ich so mit zwölf, dreizehn Jahren angefangen. Ich staune, wenn ich einmal wieder in die damalige Welt eintauche. Vieles ist ganz anders geworden. Aber es gibt auch noch Bereiche, Probleme und Spannungen, mit denen ich bis heute ringe.

Thomas Gertler SJ, geb. 1948, Augsburg

Wie Zähneputzen

In jüngeren Jahren hatte ich oft den Eindruck, beten sei für mich wie Zähneputzen. Anfangs musste ich mich dazu überwinden, doch dann spürte ich, dass es mir guttat. Inzwischen wurde für mich das tägliche, betrachtende Gebet von mindestens einer halben Stunde zu einer vertrauten Übung. Ohne sie wäre mein Leben sicher ärmer, doch ist es auch wieder nicht so, dass sich das Bedürfnis danach so gebieterisch melden würde wie Hunger und Durst. Nein, ich muss dafür mit einer gewissen Disziplin eine bestimmte Zeit vorsehen und bereit sein, mich so zu sammeln, dass ich *der Gegenwart Gottes bewusst werden* kann.

Denn das ist für mich das Ziel, gleich welchen Ausgangspunkt ich wähle: *der Gegenwart Gottes in meinem Leben gewahr zu werden*. Ich muss diese Gegenwart nicht erdenken, wie ich früher meinte. Darum baue ich mir zu Beginn der Betrachtung kein geistiges Bild von Gott auf und stelle mir zu diesem Wort nicht etwas Erhabenes vor, sondern werde einfach still und achte darauf, wie Er längst da und am Werk ist. Wie? Ich gehe ganz realistisch von meiner Person und meiner Welt aus und stelle mir zwei Fragen. 1. *Wem verdanke ich mich letztlich?* Offensichtlich habe ich mich nicht selbst geschaffen. Wo immer wir wissenschaftlich denken, fragen wir nach dem Woher, nach den Ursachen. Wenn ich nun über meine Vorfahren und weiter die ganze Bio- und Kosmos-Evolution hindurch bis zum sogenannten Urknall denke, stoße ich auf ein letztes Woher, das ein unvorstellbar mächtiges, willensstarkes Ja sein muss, welches das Universum und seine Kräfte, die mich ermöglichen, ins Dasein gerufen hat und darin erhält: Es *trägt* mich in diesem Au-

genblick; ich muss nur zu Ihm zurück- und aufblicken.
2. *Woher kommt das Sollen*, das ich wie einen *Ruf*
wahrnehme, wenn ich bei wichtigen Entscheidungen frage, was recht bzw. was verwerflich ist? Ein
Sollen, das verbindlicher als menschliche Gebote auf
Gerechtigkeit beharrt? Und woher kommt – da das
Gewissen ja auch bestärken und innerlich belohnen
kann – der Antrieb, Gutes zu tun, selbst wenn es
Menschen nicht mitbekommen? Das ist für mich der
Geist des Vaters, der »auch das Verborgene sieht«.
Beide Überlegungen wurden mir inzwischen so vertraut, dass ich sie wie im Zeitraffer durchlaufe und
mich nur zu erinnern brauche, dass Gott mich *trägt
und ruft*. Dieser Ansatz führt über den Schöpfungs-
glauben hinaus zur *Christusoffenbarung*, wenn ich weiter frage, wie sich das tragende und rufende Ja in Jesus mitgeteilt hat. Wie dieses Ja uns durch seine
Menschwerdung, Verkündigung und Treue bis zum
Tod am Kreuz das »übersetzt« und mitgeteilt hat, was
Es nur so offenbaren konnte.
Wird mir diese Gegenwart bewusst, so versuche ich,
bei ihr zu *verweilen* – auch mit Hilfe von Anrufungen, die ich wiederhole.
Ich kann einfach diesen geschilderten Weg beschrei-
ten. Ich kann aber auch von einem Erlebnis ausgehen,
das mich dankbar stimmt. Oder von einer Sorge,
einem Konflikt, einem Seelsorgegespräch, einem
Naturerlebnis, einem Bibeltext, einem Motiv des Kir-
chenjahrs. All das kann hinführen zu der Großen
Gegenwart, die dann gleichsam durch bunte Scheiben
schimmert wie das Sonnenlicht durch Gerhard Rich-
ters Farbfenster im Kölner Dom.

Bernhard Grom SJ, München, geb. 1936

Vom Sprudeln der Worte
zum Lassen der Verwandlung

Als Kind betete ich, und trotz kaputtem Motor fuhr unser Auto noch 300 km weit. Meine Mutter hat abends mit mir gebetet, und fasziniert war ich von der Liturgie. Ins Stottern kam mein Beten, als ich mit 16 Jahren den Sinn meines Lebens ausbuchstabierte. Die Entdeckung der Heiligen Schrift in einer Jugendgruppe ließ mich um die Verheißung Jesu bitten: »Ich bin gekommen, dass sie das Leben in Fülle haben«. Eine wöchentliche Freistunde in der Abiturklasse nutzte ich zum Beten in der Kirche, und die Gebetsworte sprudelten.

Unerwartet und »sanft säuselnd« kam der lebensentscheidende, bis heute tragende Gebetstrost: in der Nacht nach Jugendexerzitien und in den Gelübdeexerzitien am Ende des Noviziats. In diesen beiden Jahren habe ich selbstständig mit der Bibel beten gelernt und meine Ordnung des Betens eingeübt: jeden Tag eine Stunde morgens, die Eucharistiefeier und das »Gebet der liebenden Aufmerksamkeit«, also der vor allem dankbare Rückblick auf die Fingerzeige Gottes im Laufe des Tages. Ohne durchgehaltenes Beten kein geistliches Wachsen!

Die Sehnsucht ist der Motor meines Betens. Mal ist sie mehr, mal weniger spürbar. Monatelang verharre ich ungetröstet vor dem Herrn. Diese Zeiten ohne innere Empfindung und Erkenntnis sind mitunter schwer zu ertragen. Sie haben einen zwiespältigen, schwer zu unterscheidenden Charakter: Ich kann solche Gebetszeiten nur gewohnheitsmäßig »absitzen« und dabei unmerklich um mich kreisen. Oder aber ich richte mich bewusst immer wieder neu auf den

Herrn hin aus, trotz aller »Windstille« oder des störenden »Gegenverkehrs« an Gedanken und Empfindungen. Doch da: (m)eine Verkündigung, eine Begegnung, ein Wort der Schrift – und ein tröstliches, nicht aus mir stammendes Hingezogenwerden zum Herrn wird erneut spürbar.

Mittlerweile habe ich das Beten mit der Bibel um das Jesusgebet ergänzt, indem ich mich in den Namen Christus Jesus hinein ein- und ausatme und bei Ihm gegenwärtig bin. Und dabei selbst den Wunsch nach Verwandlung loslasse »in völliger Ergebenheit in die Lebendigkeit des Geistes, in Gott hinein, gemeinsam mit Christus« (P. Jerónimo Nadal SJ).

Michael Hainz SJ, München, geb. 1954

Mich beten lassen

Ab und zu kommt es vor, dass ich in ein Benediktinerinnen- oder Zisterzienserinnen-Kloster komme und dort beim Stundengebet dabei sein will. Oder ich besuche irgendwo im Ausland die Vesper, die von einer Neuen Geistlichen Gemeinschaft gestaltet ist. Manchmal ist es auch möglich, die Liturgie im byzantinischen Ritus mitzufeiern.

Die Schwestern singen meist lateinisch und mit ungeläufigen Melodien, im Ausland sind Sprache und Melodie fremd, und die byzantinischen Abläufe und Gesänge sind auch unverständlich. Früher fand ich das alles schwierig: Da verstand ich ja nichts und konnte gar nicht mitmachen. Manchmal habe ich versucht, in einem der ausliegenden Bücher herauszufinden, wo wir gerade waren, und vielleicht doch – wenigstens ungefähr – etwas vom Text zu verstehen. Aber auch das habe ich immer schnell wieder aufgegeben.

Dann habe ich einmal in meiner Enttäuschung eine Entdeckung gemacht: Ich habe entdeckt, dass es auf den Text und das Mitsingen gar nicht ankommt, sondern dass ich mich vom Gesang der andern mittragen lassen kann in die Gegenwart Gottes. Ich muss gar nichts beitragen, nichts verstehen, nicht im Buch blättern, sondern kann einfach dabei sein. Es ist fast ein bisschen so: Ich kann drin sein im Gebet und Gesang der andern. Ich hatte plötzlich eine Ahnung davon, was jemand meint, wenn er von einem »erhebenden Gefühl« beim Beten redet. (Bis dahin war mir das eher verdächtig.)

Ich muss beim Beten gar nichts tun, nicht einmal mich sammeln. Eher ist es so: Ich lasse mich sammeln und bleibe einfach dabei; ich bleibe einfach drin, so gut es geht. Ich höre auf die unverständlichen Klänge, lausche hinein, ohne unbedingt etwas verstehen zu wollen. Das bringt mich Gott näher, habe ich den Eindruck. Das ist auch eine Art von Gebet: mich beten lassen.

Das ist nicht meine hauptsächliche, nicht meine tägliche Art des Betens. Aber wenn ich dazu Gelegenheit habe, gehe ich gern in ein Frauenkloster, zu einer Neuen Geistlichen Gemeinschaft im Ausland oder zur byzantinischen Liturgie, weil ich da nichts verstehen muss, sondern mich vom unverständlichen Gesang in die Gegenwart Gottes tragen lassen kann.

Walter Heck SJ, Rom, geb. 1950

In die Offenheit treten

Bis zur Lebensmitte ging Jesus neben mir und ich fragte den gleichaltrigen Bruder oft: Wie hast du das anstehende Problem gelöst, wie könnte ich mich verhalten? Fehlende biblischer Berichte beflügelten meine Fantasie. – Der gleichaltrige Bruder wurde umgebracht. Die Kommunikation mit ihm kam in eine Krise. Die Lebenssituationen eines 40-, 50-, 60-, 70-Jährigen erlebte er nicht mehr. Ich konnte ihn nicht mehr unbefangen danach fragen. An wen sollte ich mich im Gebet wenden?

Doch Jesus kam mir als Auferstandener näher, als ich ihn vom Lesen der Bibel her kannte. Ich begegnete ihm mehr und mehr als Lebendigem in meinem Nächsten und mir selbst. Ich suchte seine Gegenwart und entdeckte ihn – häufig erst nachträglich – in vielen Situationen. Mein Gebet wurde ein Zuhören. Ich nahm wahr, wie er in mir mit dem Vater sprach. Ich wurde ganz still. In solchen Momenten fühlte ich, wie ich mich seinem Gebet überlassen kann.

Heute bete ich oft mit Menschen aus verschiedenen religiösen Traditionen und mir fremden Lebensgrundsätzen. Ähnlich wie sich in Elisabet und Maria die Kinder voll Freude begegneten, sucht der göttliche Funke in mir das Göttliche im Nächsten zu grüßen und umgekehrt. Der Auferstandene geht mit uns Schritte der Menschwerdung. Vor den verschlossenen Türen unserer Gesellschaft schenkt er uns trotz vieler innerer Widerstände in seiner Nachfolge Einheit mit »Zöllnern und Sündern« (Lk 15,1). Dankbar für diese kleinen Schritte, preise ich seinen Beistand.

Christian Herwartz SJ, Berlin, geb. 1943

Christus – der innere Lehrmeister

Seit ich mit 18 Jahren dank eines Aufenthaltes in Taizé mit dem Versuch begonnen habe, ein geistliches
Leben zu führen, waren für mich immer zwei Formen
von Gebet wichtig. Zum einen ein inneres Beten als
stilles Dasein vor Gott und zum anderen die Betrachtung einer Bibelstelle – meist aus den Evangelien –,
die ins Gespräch mit Gott mündet.

Auch heute versuche ich in beiden Formen zu beten, meist vor dem Allerheiligsten in unserer Hauskapelle, was ich als großes Privileg empfinde. Am
Morgen meditiere ich mit Hilfe des ganz einfachen
Jesus-Gebetes. Hier kann ich die innere Verbundenheit mit Christus spüren, die mir Ruhe schenkt und
Kraft für den Tag gibt. Am Abend vor der Messe nehme ich dann das Neue Testament in die Hand und
versuche etwas von den Texten aufzunehmen. Oft gelingt mir das im Alltag nicht, und ich erzähle Gott,
was ich erlebt habe, was mich ärgert, freut, traurig
oder glücklich macht. Meist mache ich die Erfahrung,
nach dem Gebet beruhigt, getröstet und positiv motiviert von dannen zu gehen.

Mein Gesprächspartner beim Beten ist Jesus Christus
als mein »Herr«. Öfter rufe ich auch einfach Gott
mit »mon Dieu« an. Bei diesem französischen Anruf
dürfte ich von dem für mich unvergesslichen früheren Prior von Taizé, Roger Schutz, beeinflusst sein.
Im Laufe der Zeit ist Jesus Christus mir immer mehr
zum inneren Lehrmeister geworden, und es fällt mir
leichter, die heilende und auf Gott ausrichtende Gegenwart des Heiligen Geistes in mir wahrzunehmen.

Johannes Herzgsell SJ, München, geb. 1955

Beten mit Perlen

Im Jahr 2011 bekam ich von einem evangelischen Pastor nach seinen Exerzitien die Perlen des Glaubens geschenkt, und sie begleiten mich öfter auch in Exerzitien. Im Nachdenken und Beten erschloss sich mir dieser Kranz von 17 farbigen Perlen als Hilfe des Betens und Hinführung zum Christusweg, ähnlich wie der Rosenkranz.

Ich beginne in ehrfürchtigem Staunen und Vertrauen mit der kostbaren goldenen Gottesperle, Symbol des unaussprechlichen dreifaltigen Gottes.

Dann gehe ich weiter zu der kleinen weißen Ich-Perle, die mich daran erinnert, dass Er, mein Schöpfer und Herr, in mir wachsen soll und ich abnehmen muss.

Es folgt die größere weiße Tauf-Perle, die mich an meine Berufung zum Christen erinnert, der ich auf den Namen des dreifaltigen Gottes getauft bin, mit Staunen und Dankbarkeit, und ich schaue auf Jesus, der sich im Jordan taufen ließ und den Heiligen Geist empfing.

Es folgt die sandfarbene Wüsten-Perle, die mich an Jesus in der Wüste erinnert, der versucht wurde wie wir – aber im Namen Gottes widerstand. Die Wüste ist für mich auch manchmal der Alltag in seiner Eintönigkeit und manchem Verzicht, aber der Ort der verborgenen Gegenwart Gottes und der Prüfung.

Dann kommt die tiefblaue Perle der Gelassenheit, die für mich ein Bild für das Ruhen in Gott ist, das Aufatmen, das Freiheit schenkt und ermöglicht und damit auch zur Indifferenz gegenüber allem Geschöpflichen ermutigt, auch die Einladung zum Innehalten und Beten.

Es folgen zwei rote Perlen der Liebe, der Liebe zu Gott und der Liebe zum Nächsten – so sehr hat Gott die Welt geliebt, dass er seinen Sohn hingab für mich, dass auch ich ihm in den Brüdern und Schwestern diene.

Schwarz ist dann die Perle der Passion, die mich an die Nachfolge des sein Kreuz tragenden Jesus erinnert und mich einlädt, auch mein tägliches Kreuz in Gemeinschaft mit ihm auf mich zu nehmen.

Dann kommt die weiße Perle der Auferstehung, die Perle, die uns Licht und Freude, Hoffnung und Friede bringt und uns zum Zeugnis für das Leben des Auferstandenen auch heute unter uns und in uns einlädt.

Der Kreis schließt sich wieder zur Gottes-Perle, Gott alles in allem. Mit diesem Perlengebet konnte ich schon meine achttägigen Exerzitien gestalten und im Alltag ging ich so vor, dass ich für jeden Tag der Woche mich einer Perle widmete. Es ist eine von mehreren Formen des Gebetes, die sich für mich als hilfreich erwiesen haben.

Gundikar Hock, Berlin, geb. 1936

In seiner Liebe bleiben

Mein persönlicher Weg zum Gebet ist fast immer Jesus. Wichtig ist mir dabei das Wort aus dem Philipper-Hymnus: »Sein Leben war das eines Menschen«. Jesus ist ein Mensch wie ich. Er kennt mich und kennt meine Not des Betens. Auch er hat immer wieder die Stille gesucht, um zu beten. Auch er hat die Not des Betens erlebt am Ölberg. So kann ich ihm ganz ohne Hemmung sagen, was mich bewegt und welche Anliegen und Probleme ich in mir trage. Deswegen ist mir wichtig, täglich einen Raum der Stille zu finden, wo ich auf ihn hören kann. Schon eine Viertelstunde kann genügen.

Weil er mir in allem gleich ist, kennt er meine geheimen Zweifel und Ängste. Gerne lasse ich mich deswegen in seine Nähe führen und mich von seinem Vertrauen auf den Vater tragen. »Bleibet in meiner Liebe«, lese ich im Johannesevangelium. Das Wort »bleiben« ist mir deswegen so wichtig geworden. Ich kann bei ihm eine »Bleibe« finden, in der ich zur Ruhe komme. Dann verlieren philosophische und theologische Einwände und Zweifel ihre Macht. Die Fragen, ob er mich hört, wie er mich erhört und warum er mich nicht erhört, kenne ich sehr wohl. Dennoch weiß ich: Ich bin bei ihm und er ist bei mir. Ich lasse mich los und lege meinen Unglauben in seine Hände. Er schaut mich an. Ich schaue ihn an. Seine Ruhe und sein Vertrauen fließen auf mich über.

Auf meinem Schreibtisch steht das Bild »Johannes an der Brust Christi«. Da ich hier die meiste Zeit meines Tages zubringe, fällt mein Blick immer wieder auf dieses Bild. Ich brauche dazu nicht viel Zeit und

Vorsatz. Aber mir ist es wichtig, einen unmittelbaren »Blickfang« zu haben. Auch brauche ich beim Anschauen keine Worte. Es genügt das Sehen.

Natürlich kenne ich auch die Erfahrung der Leere. Mehr als die Leere muss ich dann mich aushalten. Die Zeit des Gebetes erfahre ich dann oft wie vertane Zeit. Viele unerledigte Pflichten drängen sich auf. Nicht selten laufe ich dann davon. Es gibt ja immer so viel zu tun. Aber meine innere Unzufriedenheit mit mir selbst holt mich bald ein. Dann weiß ich: Ich laufe in eine falsche Richtung. Wie oft erlebe ich mich am Ende eines Tages leer und müde. Dann bietet sich nur noch belangloser Zeitvertreib an. Es hilft mir dann die ehrliche Frage: Was tut dir jetzt gut? Ein bewusster Blick auf mein Johannesbild und wenige Minuten des Verweilens, das genügt meistens schon für eine Begegnung. Ich möchte dieses Gespür nicht verlieren. Darum schließe ich den Tag mit einem kurzen Wort des Dankes.

Alfons Höfer SJ, Bonn-Bad Godesberg, geb. 1937

Beten, eine Sprache
für schwierige Zeiten

Unmittelbar vor der Abschlussprüfung der Oberstufe machte ich eine Krise durch. Ich konnte mit niemandem offen darüber reden, was mich bedrückte. Zehn Tage vor der Matura zündete ich abends eine Kerze an und betete ein »Vater unser« und ein »Gegrüßet seist Du, Maria«. Obwohl ich in den Jahren davor Probleme mit vorformulierten Gebeten hatte, war es in dem Moment nichts Formelhaftes. Es kam von Herzen und ich hatte das Gefühl, Gott hört mich und weiß um mich. Ich fand zu der Ruhe, die mich die folgenden Tage überstehen ließ.

Mit 20 Jahren erfüllte ich mir einen Traum und reiste für ein halbes Jahr durch die USA und Mexiko. Dort begann ich täglich in der Bibel zu lesen, die mir jemand geschenkt hatte. Ich entwickelte ein persönliches Interesse für das Leben Jesu. Diese Beziehung gab mir einerseits den nötigen Halt, andererseits motivierte sie mich dazu, mich immer wieder auf Neues und Unbekanntes einzulassen.

Nach meiner Rückkehr nach Österreich wollte ich diesen Weg fortsetzen, wusste aber nicht, wie. Alles, was ich spürte, war eine tiefe Dankbarkeit Gott gegenüber. Meine Suche führte mich schließlich nach Wien in ein Caritashaus, in dem 80 ehemalige obdachlose Männer wohnten. Die Kapelle befand sich im Keller unmittelbar hinter einem Schlafsaal. Dort trafen wir uns täglich dreimal für eine Viertelstunde zum Gebet. Die empfindsame Art, wie manche Männer, die vom Leben auf der Straße gezeichnet waren, füreinander gebetet haben, faszinierte mich.

Während meiner Studienzeit in München lernte ich

im Haus Gries im Rahmen meiner Jahresexerzitien das Jesusgebet kennen. Der Name Jesu hat etwas Heilsames. Ich versuche Schwieriges in meinem Leben nicht direkt aufzulösen, sondern vertraue, dass es in der Ausrichtung auf Gott »gesund« wird.

Über die Jahre hatte ich immer wieder geistliche Begleiter, die mir wertvolle Hinweise für mein Beten gaben. Während meines letzten Ausbildungsabschnittes als Jesuit begleitete mich ein humorvoller australischer Mitbruder. Er prägte den Spruch: »Make it relational!« Bring es in die Beziehung mit Gott. Diese Aussage begleitet mich seither. Es ist ein Unterschied, wenn ich zum Beispiel bei der Frage, was der kommende Tag bringen wird, auf eigene Faust plane, oder die anstehenden Dinge mit Gott anschaue, im Vertrauen, dass ich nicht alles alleine bewältigen muss.

Ein anderer Tipp eines Begleiters lautet: »Wenn dich eine Frage beschäftigt und du sie nicht klären kannst, dann leg sie vor Gott und schaue, ob er dir eine Antwort gibt.« Im Sozialzentrum in Sofia, in dem ich vier Jahre lang gelebt habe, waren wir oft überfordert. Beim Gebet vor dem Schlafen gelang es mir manchmal, einen Schritt zurückzutreten und ausweglos scheinende Situationen mit Jugendlichen Gott anzuvertrauen. Nicht selten geschah es, dass mir dabei etwas einfiel, das helfen könnte, oder mir jemand in den Sinn kam, den ich um Rat bitten könnte. Einmal fragte ich Gott, wieso die Jugendlichen uns mit so vielen Fragen »belästigen«. Die Antwort, die ich erhalten habe, war: »Weil ihr das Vertrauen der Jugendlichen gewonnen habt.« Das war für mich Trost und Ermutigung.

Markus Inama SJ, Innsbruck, geb. 1962

Meine Hoffnung vor den Herrn tragen

Mein Beten wurde durch einen Satz, den ich von John Dardis SJ, dem irischen Europaprovinzial, hörte, erschüttert und angefragt: »Das Business der Jesuiten ist die Hoffnung.« Zunächst erschien mir dieser Satz nur wie ein guter Slogan. Doch dann fing er an, in mir zu brennen. Es war kein wärmendes, sondern ein schmerzhaftes Brennen, da sich dahinter für mich die Frage verbarg, ob ich selbst ein Hoffender sei oder überhaupt sein könnte – gerade im Blick auf die Not und das Leiden in dieser Welt.

Ich spürte, wie ich mich immer mehr von Gott zurückzog und Ihm fern bleiben wollte. Neu konnte ich wieder in Seine Nähe kommen, als ich neu zu der Freiheit fand, meine Hoffnung klagend und einfordernd vor den Herrn zu tragen. Erst so konnte ich wieder Seine Nähe spüren und mich in Seine Nähe wagen.

Heute sehe ich dieses Hoffen als Fundament meines Lebens und meines Betens. Meine Sorgen und Nöte, meine Ängste und Trauer, die Anliegen von Freunden und die Not dieser Welt trage ich vor den Herrn. Manchmal ist mein Beten ein schreiendes Schweigen angesichts Gottes abwesender Ferne, manchmal ist es ein vertrauensvolles Warten auf Seine Zuneigung, manchmal ist es ein Seufzen, in das ich all meine Sehnsucht und Hoffnung legen darf.

Clemens Kascholke SJ, Hamburg, geb. 1988

Nimm dich selber wahr und lass dich!

Im Beten vollzieht der Mensch, was er ist: ein Wesen, das über sich hinausweist, ein Ich, das im Du seine Erfüllung findet, im Du des anderen Menschen und letztlich im Du Gottes. Beten ist weniger ein Machen und Tun als ein Geschehenlassen. Beten ist *der* existentielle Selbstvollzug schlechthin.

Ich bin im katholischen Milieu aufgewachsen. Beten war selbstverständlich. Ich bin sehr dankbar, schon zwischen meinem fünften und siebten Lebensjahr das stille, innerliche Gebet entdeckt zu haben. Damals gab es in meinem unterfränkischen Heimatstädtchen noch die »Ewige Anbetung« an drei Tagen. Die Gebetsstunden waren nach Wohnvierteln aufgeteilt. Ich ging gerne hin, um vor dem ausgesetzten Allerheiligsten zu verweilen. Intuitiv vollzog ich das Gebet der Ruhe. Herzensruhe ist eine der schönsten Früchte des inneren Betens. Ähnlich ging es mir, wenn ich neben der Oma in den hinteren Bänken der Kirche saß oder neben dem Vater auf der Empore stand.

Mit neun Jahren traf mich der Ruf zum Priestertum. Dass ich diesen kindlichen Wunsch mit aller Macht und gegen manchen Widerstand durchkämpfte, war sicher eine Folge meiner Verankerung im Gebet. Gebet und Lebenswahl – das Grundprinzip der Exerzitien – gehörten für mich schon früh zusammen. Als Zehnjähriger kam ich in ein Bischöfliches Knabenseminar. Vom morgendlichen Schweigen, der täglichen Frühmesse, dem Frühstück mit Verlesen des Martyrologiums über Schulgebet, Tischgebete, Visite nach dem Mittagessen, Abendgebet, Rosenkranz und Andachten hatten wir Ende der 50er, Anfang der 60er Jahre noch das volle geistliche Programm: mehr Gebetzeiten als neun Jahre später im Noviziat. Mir wurde das nie zu viel, wenn ich auch merkte, dass viele meiner Mitschüler gegen diese religiösen Pflichtübungen rebellierten.

Die Exerzitien habe ich als Jugendlicher kennengelernt. In diesen Zeiten der Einkehr hat sich meine Entscheidung zum Priestertum nochmals geklärt. Bevor es mir im Orden als wichtigste Gebetsform des hl. Ignatius vorgestellt wurde, pflegte ich das »Examen«, das »Gebet der liebenden Aufmerksamkeit«. Im Wahrnehmen meiner Stimmungen und Gefühle suchte ich die Stimme Gottes herauszuhören. Das Noviziat brachte eine Fülle von Gebetsanregungen. Damals wurden wir noch mit viel Stoff in den »Punkten«, den Meditationsimpulsen des Novizenmeisters, bedacht. Ich machte das brav mit, spürte aber ein gewisses Unbehagen. In den Jahren meiner Ausbildung kamen immer mehr die östlichen Methoden der Meditation ins Gespräch. Das Beten ohne viel Stoff, das Beten mit dem Atem oder dem Namen Jesu faszinierten mich einige Jahre. Gleichzeitig haben mich immer die biblischen Geschichten in ihren Bann gezogen, ebenso die großen Gestalten der christlichen Mystik. So pflegte ich eine Mischform von meditativer Stille und einem Eintauchen in die Bibel. Alles konzentrierte sich in der Betrachtung der Person Jesu. Sein Fühlen und Denken, seine Lebensart sollten immer mehr die meinige werden.

Mit Mitte dreißig erfuhr mein Beten während der Großen Exerzitien eine ungeahnte Intensität und gleichzeitig erlebte ich einen tiefen Absturz. Ich ahnte, was völliges Durchdrungensein vom Geist, der in uns betet, sein kann. Ich fühlte mich gepackt, erhoben und getragen – und dann auf einmal wie fallen gelassen. Der Boden der Glaubenssicherheit war weg. Nach diesem Einbruch oder Durchbruch musste ich mein Ordensleben noch einmal neu buchstabieren. Durch die existentielle Feuerprobe führten mich das betende Suchen und die wohlwollende geistliche Begleitung.

Beten gehört für mich heute zum Alltag vom Aufstehen bis zum Ins-Bett-Gehen. Am Morgen suche ich den Körper, den Geist und die Seele für Gott zu bereiten. Ich beginne mit einigen Körperübungen, frage mich, was diese Nacht mit ihren Nachwirkungen (Träumen, Stimmungen, Erinnerungsfetzen) mir sagen will, und nehme mir nach der Morgentoilette eine halbe Stunde Zeit für das Gebet. Mit dem Alter kommt immer mehr der Psalter. Die Psalmen sind eine wunderbare Gebetsschule. Hier reihe ich mich ein in das Beten von Jahrhunderten. Hier lerne ich, dass ich mir selbst im Gebet nicht ausweichen darf. Alle Regungen des Gemüts haben ihren Platz vor Gott. Mich einbringen und etwas an mir geschehen lassen ist das Geheimrezept dieser Art von Beten. Ängste und Nöte werden verwandelt. Gelassenheit wächst, Lebensfreude und Lebensmut breiten sich aus. Beten wirkt wie eine innere Kläranlage. Meister Eckhart hat in seinen »Reden der Unterweisung« eine klassische Gebetsmaxime formuliert: »Nimm dich selber wahr und lass dich.«

Zu meinem täglichen Beten gehört das Sich-Vertiefen in die Tageslesungen. Ich darf – Gott sei Dank! – oft predigen. Wenn mir jemand das Kompliment macht, »Das, Pater, haben Sie heute genau für mich gesagt«, antworte ich manchmal verschmitzt »Wissen Sie, ich predige immer nur für mich selbst«. Nur was uns selber anrührt, können wir so rüberbringen, dass andere davon berührt werden. Auch in der Beschäftigung mit der Schrift gilt: Beten ist mehr ein Geschehenlassen als ein Machen. Natürlich muss ich mich kundig machen, muss studieren und den Text verstehen. Doch das Entscheidende ist, dass ein Text zu mir spricht, dass ich offen bin für die Einfälle des Geistes. Wir können im Grunde nur Erbetetes, Geschenktes weitergeben. So wird Beten zum inneren Atem des Apostolates.

Dass Beten und Leben immer mehr eins werden, darauf kommt es an. »Nicht mehr ich selbst lebe, Christus lebt in mir. Soweit ich aber jetzt noch in dieser Welt lebe, lebe ich im Glauben an den Sohn Gottes, der mich geliebt und sich für mich hingegeben hat« (Gal 2,20). Diese verheißungsvollen Sätze lassen mich nicht los. Ich gestehe allerdings wie der heilige Paulus: »Nicht dass ich es schon erreicht hätte oder dass ich schon vollendet wäre. Aber ich strebe danach, es zu ergreifen, weil auch ich von Christus Jesus ergriffen worden bin« (Phil 3,12).

Karl Kern SJ, München, geb. 1949

Stoß-Beten

Manchmal wache ich mitten in der Nacht auf oder früh am Morgen. Ein Traum klingt nach oder eine Erfahrung. Meist sind die Bilder stark, manchmal grell. Heftige Gefühle drängen: Ich freue mich über Gutes und Gelungenes, bin selig, dankbar. Oft kommen jedoch Lasten: Ein Problem drückt, eine Verletzung nagt, eine unerfüllte Sehnsucht schreit, eine Sorge treibt mich hin und her.

Manchmal bin ich wütend, aggressiv. Oder ich diskutiere, bekomme gute neue Einsichten, habe dann aber natürlich immer Recht. Oder ich nehme mir vor, endlich jenem Menschen eine klare Ansage zu machen. Oft sind Schweres und Schönes dich beieinander, ineinander verschlungen, die zwei Seiten derselben Geschichte. Aus dem Schlaf kommt Wahrheit, innerlich, tief.

Ich sage dann: »Herr, ich danke Dir – Herr, erbarme Dich«. Ich entscheide mich nicht, das zu sagen, will es noch nicht einmal sagen, sondern es sagt sich in mir, von selbst, ich weiß nicht wie und warum, oft nur halb bewusst, eher als ein Seufzen oder Stoßen, ziemlich still, fast heimlich, oft nur ganz kurz.

Das »Herr, ich danke Dir« sagt, dass jenes Gute ja wieder einmal überhaupt nicht von mir kam, sondern reines Geschenk ist, empfangen, vollkommen unverdient – und das anerkenne ich mit einem tiefen Seufzer, zu Ihm hin.

Das »Herr, erbarme Dich« sagt, dass ich jenes Problem ja wieder einmal überhaupt nicht lösen kann, sondern Er das machen muss, sonst keiner – und das stoße ich heraus, zu Ihm hin.

Das Gebet sagt meine Ohnmacht, denn nur Er *macht*

alle Dinge – und es kommt aus Ohnmacht, denn nicht ich habe es gemacht.

Oft kommt nur das »Herr, erbarme Dich« – mit dem Bösen geht dieses Beten meist leichter als mit dem Guten. Auf Ihn alles Dunkel zu werfen befreit mich, und ich kann dann besser wieder einschlafen. Könnte ich doch noch mehr danken!

Stefan Kiechle SJ, München, geb. 1960

Das Leben – ein Gebet

Seit ich denken kann, hat das Gebet in meinem Leben seinen Platz. Damit meine ich nicht irgendwelche vorgeprägten Gebete wie etwa das »Vater unser« und ähnliche Gebete. Vielmehr war mir der »Gesprächspartner«, den wir »Gott« nennen, stets präsent. Mit ihm konnte ich über alles sprechen, was mich beschäftigte, was mir wichtig war. Nicht dass mir nie Zweifel gekommen wären – ob er mich denn wirklich höre –, das gab es auch, aber eigentlich verließ mich die Gewissheit, dass er »da« ist, nie. Mir war immer klar, dass nicht die ausgesparte Zeit, die wir uns für das explizite Gebet nehmen, sei es allein oder in Gemeinschaft, das Entscheidende in meinem Gebetsleben sein konnte, sondern im Grunde mein Leben selbst. Mein ganzes Leben: ein einziges Gebet. Vielleicht hat mich deshalb das Wort des hl. Ignatius vom »Gott suchen und finden in allen Dingen« so sehr angesprochen. Diesem Wort bin ich noch immer auf der Spur. Ich glaube, man kommt damit an kein Ende.

Natürlich haben sich meine Gebetsgewohnheiten im Laufe der Zeit verändert. Die Regelmäßigkeit früherer Jahre lässt sich aufgrund der Arbeitsbelastung nicht mehr durchhalten. Dennoch: Die tägliche Betrachtung der Schrift ist mir wichtig, für mich persönlich, aber auch dann, wenn ich anderen – z.B. in einer Predigt – einen Bibeltext nahebringen darf. Auch die Feier der täglichen Eucharistie prägt meinen Tag. Ich empfinde den Ritus als wohltuend; muss ich doch nicht jeweils Neues hervorbringen – im Stil der liturgischen Experimente, wie wir sie früher nach der Liturgiereform des letzten Konzils praktizierten. Auch in der Liturgie hat mein Alltag seinen Platz: Die Menschen, die mir

begegnen, die Sorgen, die mich belasten, die Entscheidungen, die zu treffen sind, die Anliegen vieler,
die um mein Gebet bitten, aber auch mein Dank und
mein Lobpreis. Was mich dabei immer wieder berührt:
Das Gebet ändert meinen Blick auf die Welt und die
Menschen. Es lässt manches anders und neu erscheinen.

Ein Gebet hat mich immer wieder und bis heute begleitet. Als junger Ministrant habe ich es aus voller
Kehle gesungen, weil mir die Melodie so gut gefiel.
Später hatte ich Mühe, es über die Lippen zu bringen: Mir ist aufgegangen, was es bedeutet, und ich hatte mich anfänglich vor den Konsequenzen gefürchtet,
die dieses Gebet haben könnte, wenn ich es ehrlich
bete. Schließlich hat sich der Knoten gelöst. Es ist das
Gebet des hl. Niklaus von Flüe, des Patrons der
Schweiz: »Mein Herr und mein Gott. Nimm alles von
mir, was mich hindert zu dir. Mein Herr und mein
Gott, gib alles mir, was mich führet zu dir. Mein Herr
und mein Gott, nimm mich mir und gib mich ganz
zu eigen dir.«

In den Exerzitien des hl. Ignatius ist mir ein ähnliches
Gebet begegnet, das »Suscipe« in der »Betrachtung
zur Erlangung der Liebe« (Ex 234): »Nehmt, Herr,
und empfangt meine ganze Freiheit, mein Gedächtnis, meinen Verstand und meinen ganzen Willen, all
mein Haben und mein Besitzen. Ihr habt es mir gegeben; euch, Herr, gebe ich es zurück. Alles ist euer,
verfügt nach eurem ganzen Willen. Gebt mir eure Liebe und Gnade, denn diese genügt mir.«

Wenn es mir nicht gelingen will, so zu beten, dann
spüre ich doch den Wunsch, es zu tun.

Hansruedi Kleiber SJ, Luzern, geb. 1948

Bete, wie du kannst, und nicht, wie du nicht kannst

Auf die Frage, welche Gebetshaltung die beste sei, soll Ignatius von Loyola geantwortet haben: knien, stehen, gehen oder liegen, je nachdem, was dem Beter am meisten dazu verhilft, sich (von sich weg) auf Gott hin zu öffnen und sich von Jesus und seinem Evangelium berühren und betreffen zu lassen. Das Gleiche gilt auch für die verschiedenen Gebetsweisen. Es gibt keine objektiv bessere oder schlechtere.

Dies hat sich in der Entwicklungsgeschichte meines Betens immer wieder bestätigt. Zuerst hielt ich mich an die vorgeformten Gebete der täglichen Mess-Liturgie oder guter Gebetbücher. Es war weniger ein freies Sprechen mit Gott. Im Noviziat lernte ich dann die verschiedenen Gebets- und Meditationsweisen des Ignatius und seiner Exerzitien kennen. Die »Anwendung der Sinne« hat mich schon damals mehr angesprochen als die eher rationalen Formen.

Der Hinweis des Ignatius, jede Betrachtung mit einem persönlichen Bittgebet zu beenden, trug dazu bei, dass mein Gebet immer persönlicher wurde. Eine für mich besonders wertvolle Gebetsweise lernte ich durch die ebenfalls von Ignatius vorgeschriebene tägliche »Gewissenserforschung« kennen. Sie wird heute richtiger das »Gebet der liebenden Aufmerksamkeit« genannt, um nicht stecken zu bleiben im moralisierenden Fragen: Was war gut und was war schlecht? Es geht ja vielmehr darum, in einer Art Zwiesprache mit Gott auf den zurückliegenden Tag zu schauen und ihn zu bitten, er möge mich erkennen lassen, was wichtig war, welche guten Erfahrungen ich erleben durfte, was mich ihm näher brachte oder von ihm entfernte, wo ich »umkehren« muss, weil mein Denken, Reden oder Handeln nicht vom guten Geist beseelt war.

Im weiteren Verlauf der »Geschichte meines Betens« folgte dann eine lange Zeit großer Tröstung. Ich konnte oft bei der Betrachtung das (Tages-)Evangelium gar nicht zu Ende lesen, weil ich schon von einem Satz oder nur einem Wort so ergriffen war.

Doch dann kam eines Tages plötzlich und völlig unerwartet die kalte Dusche. Statt Trost und Ergriffenheit totale Leere und Empfindungslosigkeit der Seele und des Geistes. Meine erste Reaktion war die eines bockigen Kindes. Ich wollte »meinen« Trost wiederhaben und wartete passiv, bis Gott meine Trockenheit beendete, wie wenn ich einen Anspruch auf den Trost hätte.

Ich brauchte lange, bis ich meinen Irrtum erkannte und den Widerstand aufgab. Nun fing ich an, Gott darum zu bitten, er möge mir helfen, die Trockenheit als eine Art der Reinigung anzunehmen, damit ich nicht im Vorläufigen des Trostes stecken bleibe und über den Gaben Gottes den viel größeren Reichtum aus den Augen verliere: ihren Geber.

Da ich in dieser schmerzlichen Zeit selbst nicht mehr beten konnte, tat ich etwas, was ich früher nie getan hätte: statt Löcher in die Luft zu starren, las ich die Gebete anderer; angefangen von den Gebeten und Liedern des Gotteslobes. Besonders geholfen haben mir da auch Gebete von Jörg Zink und Sabine Nägeli.

Und wie ist mein Gebet heute? Manchmal frage ich mich, ob ich überhaupt noch bete, denn es wird immer mehr völlig wortlos. Ich schaue Bilder an und lasse sie auf mich wirken. Nicht nur religiöse Bilder, sondern auch Bilder von Menschen und der Welt, in der ich lebe. Im Schauen auf die Welt, in der wir leben, und darauf, was in ihr alles geschieht, wird mir immer bewusster – tröstlich oder bedrückend –, wie sehr sich das Leben Jesu wiederholt. Deshalb gibt es für mich auch keine Trennung zwischen religiösem und profanem Leben.

Oder ich bin überwältigt vom bloßen Hören und Mitsprechen der liturgischen Texte der Eucharistie, ohne wie früher das Bedürfnis zu haben, die Gebete umzuschreiben und zu »aktualisieren«. Und wenn ich das Credo bete, packt es mich immer wieder, wie Anton Bruckner, den großen Musiker, der im Blick auf die Krippe sagte: »Ich werde einfach nicht damit fertig, dass Gott Mensch geworden ist!«

Alfons Klein SJ, München, geb. 1929

Das dreifache Kolloquium

Knapp 20 Jahre nach meinem Eintritt in die Gesellschaft Jesu konnte ich ein zweites Mal die Großen Exerzitien machen. Bei der Vorbereitung eröffnete ich dem Begleiter: Ich werde übrigens im Stil des Zen beten. Der Begleiter meinte nur: Sonst kannst du beten, wie du willst; aber jetzt ist Ignatius.

Das ärgerte mich – zuerst. Ich hatte schon früh das Beten ohne Bibeltext schätzen gelernt, erst mit dem Jesusnamen und später in der *Ko'an*-Schulung. Hier fordert dich der Meister mit logisch unlösbaren Fragen aus dem absichernden Denken heraus. Inzwischen hatte ich auch Islam studiert und gesehen, dass der Clou des christlichen Glaubens die Geschichte ist: Wir sind hineingeholt in die Geschichte Jesu. Es ist wohl fair zu sagen, dass Zen »Erfahrung von Heil« sein will und Islam »Aufruf zum Heil«, während die Kirche Christi die »Geschichte des Heils« bezeugt.

Gut, ich habe mich also eingelassen auf diese vier Wochen, wie sie Ignatius von Loyola vorschlägt, mit Bibeltext; und ich merkte, wie das zu mir passt: mitten in der Geschichte Jesu stehen zu können.

Ein leicht übersehener Ratschlag aus dem ignatianischen Exerzitienbuch wurde mir besonders wichtig. Nach der Betrachtung soll man ein betendes Gespräch führen, erst mit Maria, dann mit Jesus, dann mit dem himmlischen Vater. »Dreifaches Kolloquium« nennen wir das.

Und so halte ich's bis heute: Am Morgen steige ich hier in Rom aufs Dach der Gregoriana und gehe auf und ab, während die Stadt um mich herum aufwacht. Ich betrachte das Evangelium des Tages, das die Welt-

kirche heute überall verkündet; und was mir im »dreifachen Kolloquium« klar wird, das schreibe ich mir ins
Handy. Vor dem Schlafengehen gehe ich in die Kapelle und schaue mir an, was aus den Morgenein-
sichten geworden ist.

Felix Körner SJ, Rom, geb. 1963

Auf der Bettkante

Beim Vaterunser-Beten kam ich einmal ins Stolpern, mit einer Wirkung bis heute. »Vater unser im Himmel« – *im Himmel? Im Himmel?!* Wie weit ist der Himmel von mir entfernt? Muss ich schreien, damit Gott mich hört? Nein! Der Himmel ist nahe; Gott ist nahe. Ich lebe in seiner Gegenwart. Ich bin schon ein bisschen im Himmel. An diese Erkenntnis heftete sich ein Trost. Dieser Trost ist bis heute nicht verdunstet; er ist wie ein Immergrün. Ich verspüre ihn am Abend auf der Bettkante, wenn ich die Komplet bete und schon ein bisschen schläfrig durch die Strophen eines Lobliedes, durch einen Psalm und eine kurze Lesung wandere. Dabei stoße ich auf den Satz: »*Herr, auf dich vertraue ich, in deine Hände lege ich mein Leben*« – Worte wie eine Lichtung im Wald. Sie machen mich wach. Nachsinnend verweile ich. Der Satz enthält, was meinem Leben die Richtung gibt. Er bezeichnet den Grund, auf dem ich stehe. Er ist die Kurzformel meiner Gelübde.

Auch am Morgen bleibe ich auf der Bettkante sitzen. Bald geht der äußere Betrieb wieder los. Der innere Betrieb hat schon eher begonnen – mit den Sorgen, die mich aus dem Schlaf bellen. Ich rufe »*O Gott, komm mir zu Hilfe, Herr eile mir zu helfen.*«

Gedanken werden eingeblendet. Neben das Wort *Gott* tritt ein Satz, den der Apostel Paulus in Athen sagte. Ich spreche ihn auf meine Weise nach: »*Du bist der Gott, in dem ich lebe, mich bewege und bin.*« Wo immer ich bin, da ist auch Gott. Aber ich habe ihn nicht im Griff; ich kann ihm nicht in die Karten schauen.

Ein weiterer Satz wird eingeblendet: »*Du bist der Gott Abrahams, der Gott Isaaks und der Gott Jakobs*« (vgl.

Mt 22,32). Gott hat sich in die Karten schauen lassen. Das bezeugen Abraham, Isaak, Jakob und viele andere. Er lenkte sie, wie er auch mich lenkt. Lasse ich mich lenken? Vertraue ich ihm?

Und wieder kommt eine Einblendung: »*Du bist der Gott und Vater Jesu Christi*« (vgl. Eph 1,3). »Jesus, du hast mich beten gelehrt. Wenn ich bete, bist du bei mir, auch auf der Bettkante; wenn ich nicht bete, bist du dennoch bei mir. Nie bin ich ohne dich. Mit dir bin ich immer zu zweit.«

Dann bete ich ein *Ave Maria*. Das Wort »*Knotenlöserin*« wird eingeblendet. In dieser Eigenschaft habe ich sie in Augsburg kennengelernt. »Maria, du siehst die vielen Knoten im Leben der Menschen; du siehst auch meine Knoten, die ich nicht lösen kann. Ich bin in Verlegenheit. Ich brauche Hilfe.«

Diese Einblendung erweitert sich um Menschen, die nach meiner Überzeugung bei Gott sind und wissen, wie es auf der Erde zugeht. Sie warten darauf, in Anspruch genommen zu werden. Ich nehme sie in Anspruch; sie sind meine ersten Wohltäter: *Ignatius von Loyola*, einen erfahrenen Seelenkenner und Strategen der Ehre Gottes, *Rupert Mayer*, einen furchtlosen Gegenspieler der Mächtigen, *Petrus Canisius*, einen umsichtigen Organisator von Bildung in Treue zur Kirche, *Peter Faber*, einen wachen Beter im Trubel der Ereignisse, *Maria Katharina Kasper*, die weiß, was dem Bistum Limburg nottut, und *Josef von Nazaret*, der für eine Familie und einen Betrieb zu sorgen hatte.

Mein Beten spannt sich von Bettkante zu Bettkante, dazwischen die Nachtruhe und das Tagewerk – *ad maiorem Dei gloriam*.

Wendelin Köster, Frankfurt/M., geb. 1936

Vom Rhabarber zum Pfarrer von Ars

Als Junge habe ich Gebete auswendig gelernt und auch gebetet, was gar nicht das Schlechteste war. Manches wurde auch verballhornt; und es galt unter uns Ministranten als Mutprobe: wer traute sich, das – damals noch lateinische – »Suscipiat« an den Altarstufen laut in der Form zu sprechen: »Suscipiat Dominus Sacrificium Rhabarber Rhabarber Rhabarber«. Übrigens haben mich die Ermahnungen des Pfarrers nicht nachhaltig traumatisiert und auch nicht von Gott und der Kirche weggebracht.

Als Jugendlicher entdeckte ich dann den Wert des frei formulierten, persönlichen Betens. Das Neue war damals: Wenn ich mich an Gott wenden will, dann braucht es keine Formeln und Floskeln. Ich kann mich mit allen meinen Gefühlen an ihn wenden und ihm alles sagen, was wichtig und bedeutsam ist. Diese Erkenntnis konnte ich bald mit anderen teilen, als ich in der Jugendarbeit Verantwortung für eine Kindergruppe übernommen hatte. Im Zeltlager und auf Fahrten schlossen wir den Tag oft mit einem Gebet ab, mal am Lagerfeuer auf der Wiese, mal in der Stube in der Jugendherberge. Und ich freute mich, wenn im Kinder- oder Jugendgottesdienst die ersten sich getrauten, frei formulierte Fürbitten an Gott zu richten.

Später erst merkte ich, dass das erste Ansätze des betenden Tagesrückblickes waren, der für Ignatius die wichtigste geistliche Übung nach der Messe gewesen ist.

Schon vor dem Noviziat und intensiv dann in der Ausbildung im Orden lernte ich den Wert des betrachtenden Betens kennen und schätzen. Das blieb dann lange Zeit meine vorrangige Gebetsweise. Meine Entdeckung war: Ein Gleichnis Jesu, eine Lehrgeschichte oder ein Wunderbericht ist nicht ein Ereignis aus fernen Zeiten, womöglich interessant und vielleicht auch unterhaltsam. Sondern die alte Geschichte bedeutet etwas für mich hier und heute.

Wenn ich mit einem Text aus der Hl. Schrift gebetet habe, dann war mein Zugang fast immer: Welche Erfahrung oder Geschichte von mir fällt mir dazu ein? Wie interpretiert die biblische Geschichte meine Geschichte? Und wie kann ich die biblische Geschichte verstehen als »frohe Botschaft« – das bedeutet ja das Wort »Evangelium« – für mein Leben heute?

Erst nach der Lebensmitte hat sich mein Beten nochmals verändert. Heute ist es so, dass ich einfach vor Gott präsent bin, so wie ich bin – zumindest versuche ich das. Ich mache nicht viele Worte und unterscheide auch nicht nochmals, ob ich Gott eine Bitte vortrage, ihn lobe oder ihm danke. Ich bin einfach da.

Vor einiger Zeit hat mich eine kleine Geschichte sehr angesprochen, die ich von Jean-Marie Vianney, dem Pfarrer von Ars-sur-Formans bei Lyon, gelesen hatte: Vianney geht in seine Pfarrkirche und sieht, wie hinten in der Kirche ein alter Bauer aus dem Dorf in der Bank sitzt. Sie kommen ins Gespräch, und der Pfarrer fragt den Bauern: »Wie betest du eigentlich?« Darauf antwortet der Bauer: »Ich schau ihn an, und er schaut mich an«.

Nun behaupte ich nicht, dass mein Gebetsleben schon so »einfach« geworden sei wie das des Bauern aus Ars vor 200 Jahren. Ich bin ja auch noch nicht so alt und abgeklärt wie er! Aber in diese Richtung entwickelt sich mein Beten, und dafür bin ich dankbar.

Hermann Kügler SJ, Leipzig, geb. 1952

Leere Hände – und doch erfüllt

Seit langer Zeit begleitet mich ein Gebet der hl. Theresia von Lisieux. Es hat sich mir (nicht im genauen Wortlaut) so eingeprägt: »Gott, wenn ich am Abend meines Lebens vor dir stehen werde, werde ich nicht sagen: ›Herr, sieh meine Werke!‹ Denn alle unsere Werke sind befleckt. Ich werde mit leeren Händen vor dir stehen und sagen: ›Sieh meine leeren Hände; fülle du sie mit deiner Liebe!‹«

An dieses Gebet werde ich manchmal in der Eucharistiefeier beim Kommunionempfang erinnert. Mit leeren Händen stehe ich da; aber in diese leeren Hände empfange ich das Brot, in dem Jesus sich mir/uns mitteilt. Er schenkt mir seine Nähe, seine Freundschaft und lädt mich ein, mich jetzt vom Geist seiner Liebe erfüllen und bewegen zu lassen. So kann ich mich mit Jesus auf den Weg machen und muss mich nicht entmutigen lassen, wenn ich wiederum feststelle, dass meine Werke noch unvollkommen, zwiespältig, befleckt sind. Diese Feststellung kann mich dazu führen, meine Hände erneut zu öffnen und – dieses Mal mit dem hl. Ignatius – zu beten: »Gib du, Herr, mir nur deine Liebe und Gnade; das genügt.« Es ist trostreich, dass der Weg der ignatianischen Exerzitien zu dieser Bitte hinführt.

Erhard Kunz SJ, Frankfurt, geb. 1934

Beten – »Appetit auf Gott«?

Der große Theologe Thomas von Aquin definiert einmal Gott mit den Worten: »Gott ist, wonach alle verlangen«, auf Lateinisch »Deus est, quod omnes appetunt«. Das kann ich auch so übersetzen: Gott ist, wonach alle »Appetit haben.« Beten ist also »Appetit auf Gott«, Hunger nach Gott und Stillung durch Gott?

Wie ich bete?

Als Erstes kommt mir: Ich bin zuerst einmal in meinem Leben »umbetet« worden: von meiner schwangeren Mutter, von meinem Vater im Krieg, vom Rosenkranzgebet, vom Mitfeiern der Messen. Später dann nachhaltig angeregt von dem Buch über das Jesusgebet »Aufrichtige Erzählungen eines russischen Pilgers« und imprägniert von der Wärme und Radikalität, die für mich schon als Jugendlicher von der Heiligen Schrift ausging.

Mit dankbarem Staunen nehme ich es wahr: Neuerdings, in den Jahren spürbaren Älterwerdens, ein neues Interesse an der Weise, wie Jesus selber betet und beten lehrt und wie »sein Gott« und seine Gottesbeziehung ist. Jesus seinen Gott glauben und schauen, wie wir in seinem Beten vorkommen: Wenn er, selber im Gebet, die Jünger im Boot sich abmühen sieht und zu ihnen kommt. Und atemberaubend in seiner Bitte für uns: »Lass sie eins sein, wie Du, Vater, in mir bist und ich in ihnen.« Was für ein Gebet, wenn seine Worte das Echo in einem wecken: »Du in uns und wir in Dir …«

Eine fundamentale Gebetsweisung ist für mich die Aussage von Paulus, dass wir nicht so recht wissen, was und wie wir beten sollen – aber »der Geist betet in uns«. Wie? Mit Seufzern und wohl auch Jubel. Und mit unworthaften Worten (vgl. Röm 8,26). Und so kann Beten für mich auch sein, sich dem Seufzen (Röm 8,22f.) und zuweilen Jubel zu überlassen.

Kostbar sind mir auch Worte von Ignatius, etwa jenes, man solle jene Weise des Betens wählen, »bei der sich einem Gott am meisten mitteilt«, und da man das nicht im Vornhinein so genau wisse, solle man verschiedene Weisen des Betens ausprobieren. Beten heißt »beten ausprobieren«. Und was ausprobieren? Seine Antwort: »Gott in allem suchen und finden«, im Gehen, im Gespräch, im Handeln ..., eben in allem Ihn suchen, der mit »seinem Wesen, seinem Wirken« der ist, was sein Name sagt: »Ich bin der, der da ist«. Und so ist für mich das Wort »leben im Gotteskontakt« zu einem großen Leitwort geworden.

Wo ich Gott »am meisten« suche und finde?

Das weiß ich nicht. Was ich sicher weiß, ist, dass ich als Jugendlicher zutiefst vom Wunder des Lebens, der Existenz ergriffen wurde. Dass es überhaupt etwas gibt, mich und die Welt, das hat ein Staunen ausgelöst, das mich keinen Tag meines Lebens, fast könnte ich sagen keine Stunde, verlassen hat. Berührt-Sein vom Urgeheimnis aller Wirklichkeit, vielleicht ist dies so etwas wie das immerwährende Gebet. »In ihm leben wir, in ihm bewegen wir uns, in ihm sind wir.« Ein kostbares Wort aus der Apostelgeschichte (17,28).

Was ist dazugewachsen?

Während des Philosophie-Studiums hat sich in mir etwas herausgebildet, das ich gerne »Seelennebelgebet« nenne. Als Bild steht mir vor Augen, wie im Morgenlicht Nebel aus Wiesen oder frisch gepflügten Äckern steigt. So lag ich damals oft da und ließ einfach alle Gedanken, Empfindungen, Erinnerungen, Freuden, Ängstlichkeiten und Urängste, Dankbarkeiten und Fragen aufsteigen: »Wie Weihrauch vor Dein Angesicht« würde die Liturgie sagen und die Bibel: »Sein Herz ausschütten« (1 Sam 1,15). Dasein im Bewusstsein von Psalm 139: »Ob ich gehe oder ruhe, es ist dir bekannt, du bist vertraut mit all meinen Wegen« (139,3). So da zu sein lässt die Wirklichkeit und Wirksamkeit des biblischen Worts erfahren: »Die Wahrheit wird euch frei machen.«

Und wie Beten im Alltag und im Zwischendurch?

Neben den großen Pausen, dem Urlaub, dem Sonntag gibt es auch die vielen kleinen Pausen: Warten auf die Straßenbahn, der Weg nach …, manchmal nur ein paar bewusste, ruhige Atemzüge, ein Zurücklehnen für eine halbe Minute im Bürostuhl, das Warten an der roten Ampel: Und da durchatmen, aufatmen, Empfindungen, kleine Dankbarkeiten und Augenfeuchtigkeiten da sein lassen; für den Augenblick eines »Stoßgebetes« die gerade erlebte Situation mit dem in Berührung kommen lassen, von dem es heißt: »Der Herr wird Zeiten des Aufatmens kommen lassen (Apg 3,2). Freiatmend leben.

Und die Stille – »am stillen Bach«?

In meiner Heimat, mitten im Wald, fließt ein Gewässer; es heißt »der stille Bach«. Sein leises Gemurmel macht die Stille nur hörbarer. Beten kann heißen, auf die Stille in sich hören; auf jene Stille in der stillen Kammer, von der Jesus spricht und in der der Abba »im Verborgenen« gegenwärtig ist. Wie still werden? – Eine Antwort ist für mich geworden: »Geräusche muss man machen. Stille *ist*.« Sie ist in allem. Im Lauten und in den Lauten. Noch in den tausend wirr fliegenden Gedanken: »Ein Dröhnen: es ist die Wahrheit, selbst unter die Menschen getreten, mitten ins Metapherngestöber« (Paul Celan). Und mitten im Wort der Wahrheit und Wirklichkeit atmet das Herz der Stille. Und von ihm ist gesagt: »Durch den Geist ist die Liebe Gottes in unsere Herzen ausgegossen« (Röm 5,5).

Willi Lambert SJ, Dresden, geb. 1944

Meine drei Gebetbücher

Ich habe drei Gebetbücher: die Heilige Schrift, das ignatianische Exerzitienbuch und die Provinzkataloge. Mein wichtigstes Gebetbuch ist gewiss die *Heilige Schrift*. Psalmworte wie »Der Herr ist mein Hirte, nichts wird mir fehlen« (Ps 23,1) oder »Seine Schulter hab' ich von der Bürde befreit, seine Hände kamen los vom Lastkorb« (Ps 81,7) begleiten mich wie eine Melodie. Die Geschichte vom Traum des jungen König Salomon (1 Kön 3,2 ff) hat mich in manchen unübersichtlichen Situationen zum Gebet um ein hörendes Herz angeregt. Manche Worte des Apostels Paulus sind zu Leitmotiven geworden: »Meine Gnade genügt dir« (2 Kor 12,9) und »Wenn ich schwach bin, bin ich stark« (2 Kor 12,10). Diese Reihe wäre fortzusetzen. Wenn ich mich solchen Worten aussetze, spüre ich, dass mich mehr begleitet als ein Wort. Es begleitet mich *das Wort*.

Jeder und jede macht im Leben gelegentlich die Erfahrung, ganz auf sich selbst gestellt zu sein. In der Situation einer Entscheidung oder wenn man Zeuge einer existentiell schwierigen menschlichen Situation ist, bei einem Unglück, das einen Menschen getroffen hat, beim Tod eines Lieben. In diesen Situationen sage ich mir den Anfang des Prinzips und Fundaments der Exerzitien vor: »Der Mensch ist geschaffen (du bist geschaffen), Gott den Herrn zu loben, ihm Ehrfurcht zu erweisen und zu dienen.« Dieses Wort weitet mein Herz und stellt mich hinein in die Schöpfung und in die Geschichte, es gibt mir das Bewusstsein, dass der Herr mich jetzt, mein Zeugnis, für seinen Willen braucht. Die Geschichte, Lebensgeschichten werden plötzlich gegenwärtig und ich darf mitbauen an dem, was Jesus von uns und mit uns will: Da weicht plötzlich jede Angst und macht einer inneren Freude und Freiheit Platz.

Damit habe ich schon ein zweites Gebetbuch angesprochen, nämlich *die Ignatianischen Exerzitien*. Am Abend bei meinen Spaziergängen nach einem erfüllten Tag spüre ich eine tiefe Dankbarkeit. In diesen Momenten steigt mir das Gebet auf, das mich vor Jesus bringt: »Nimm, Herr, und empfange meine Freiheit, meinen Verstand, meinen ganzen Willen, alles, was ich habe und besitze, es ist dein« (Exerzitienbuch 234). Dann die Frage: Will oder kann ich das wirklich, kann ich dem Herrn ehrlich ein solches Angebot machen? Auch wenn ich es nicht voll bejahen kann, so merke ich doch, dass mich dieses Gebet freier macht, mich aus meiner Selbstzentriertheit herausführt und Raum schafft für Jesus, der mit mir geht.

Jede Jesuitenprovinz hat einen *Provinzkatalog*. In diesem Katalog sind, nach Städten alphabetisch geordnet, alle Häuser und Institutionen aufgeführt und alle Mitbrüder, welche dort leben und arbeiten. Es ist gesagt, wer in der Provinz welche Verantwortung trägt, welche Telefonnummer und welche E-Mail-Adresse jeder hat. Seit einiger Zeit habe ich die Aufgabe, die verschiedenen Provinzen zu bereisen, Kommunitäten zu besuchen, die Anliegen der Mitbrüder und auch ihrer Mitarbeiter zu hören, ihre Erfahrungen mit ihnen zu teilen. Immer nehme ich auf diesen Reisen die Kataloge der Zielprovinzen mit. Ich studiere diese zuerst und gewinne so ein Bild über die Größe der Kommunitäten, ihren Alterstdurchschnitt, welche Aufgabe die Einzelnen haben, in welchen Institutionen sie arbeiten. Es ist immer spannend, wenn ich dann die Wirklichkeit sehe, die Umgebung, das Haus, in dem sie wohnen, wenn ich die Atmosphäre spüre, mit ihnen esse, mich von ihren Fragen beschenken oder herausfordern lasse. Es gibt oft herrliche brüderliche Begegnungen, manchmal verwendet mich Jesus auch, um von einem Mitbruder den Lastkorb von der Schulter zu nehmen oder mal seinem Ärger Luft zu machen. Oder wir feiern miteinander Eucharistie. Als ich eines Tages auf der Heimreise den Katalog nochmals durchblätterte und er mir die einzelnen Mitbrüder und das Haus in Erinnerung brachte, merkte ich, dass sich dieser Provinzkatalog in mein Gebetbuch verwandelt hatte. Beim Durchgehen der Namen und des Hauses wurde ich hineingeführt in einen geheimen Dialog mit Jesus: Ich stelle ihm diesen oder jenen Mitbruder besonders vor, lege ihm diese oder jene Arbeiten besonders ans Herz, die finanziellen und anderen Sorgen der Kommunität und ihrer Werke. Mancher Obere tut sich mit einem Mitbruder oder er sich mit seinem Oberen schwer. Die Begeisterung in der Sendung Jesu eines jungen Jesuiten kommt mir wieder in den Sinn und erfüllt mich mit dankbarer Freude. Dieses Kataloggebet wird mir immer wichtiger. Es schenkt mir Sensibilität, Freiheit und Weite. Die Namenreihe wird mir eine Art Heiligen- (oder Sünder-)litanei. Oft finde ich im Durchgehen (und Durchbeten) neue Perspektiven, weitet sich meine Sicht und öffnet sich mir der Blick für den Willen Gottes. Dank, Reue, Begeisterung, stille Freude, Ehrfurcht oder Ratlosigkeit, Ärger oder Scham steigen auf. Das ist meine neueste Entdeckung, das Kataloggebet.

Severin Leitner SJ, Rom, 1945–2015

Sich vom Gekreuzigten umarmen lassen

Eine einschneidende Erfahrung, die mein Gebetsleben bis heute prägt, habe ich vor ein paar Jahren während der Jahresexerzitien gemacht. Weil mich zu Beginn der Exerzitien keiner der zur Betrachtung vorgelegten Bibeltexte innerlich ansprach, gab mir der Exerzitienbegleiter ein kleines Andachtsbild zur Betrachtung. Ich war zunächst etwas überrascht, aber diese Bildmeditation brachte die ersehnte Wende.

Das Bild zeigte Jesus am Kreuz, blutüberströmt, doch mit einem freundlichen Gesicht und offenen, wachen Augen, die den Betrachter liebevoll anschauten. Die Hände des Gekreuzigten waren nicht – wie sonst üblich – am Querbalken festgenagelt, sondern von dort gelöst und vor seinem zerschundenen Körper so in Stellung gebracht, als wollte er den Betrachter herzlich umarmen. Ich nahm die Einladung an und habe mich in der nächsten Gebetszeit einfach 45 Minuten lang liebend umarmen lassen, ganz im Schweigen. Dabei wurde ich mit einer derart großen inneren Freude erfüllt, wie ich es bis dahin selten erlebt hatte.

Diese Erfahrung hat mein Beten nachhaltig verändert. Mittlerweile gehören Bildbetrachtungen nicht nur zu meinem üblichen »Gebetsrepertoire«. Ich habe es mir auch angewöhnt, mich immer mal wieder ganz bewusst vom Gekreuzigten umarmen zu lassen, oft am Ende meiner morgendlichen Gebetszeit. Das gibt mir die entsprechende Ausrichtung für den Tag und manchmal sogar den Mut, anschließend noch jenen Menschen innerlich kurz zu umarmen, mit dem ich mir momentan am meisten schwertue.

Alexander Löffler SJ, Frankfurt, 1972

Beten ohne Unterlass

Angeregt durch Ignatius von Loyola, versuche ich
»Gott zu suchen und zu finden in allem«. Dies gehört für mich zu meinem Beten. In dem »Gott suchen
und finden« leben Motive fort, die uns in der Bibel
begegnen. Im 21. Kapitel des Lukasevangeliums ist
festgehalten, dass Jesus seinen Jüngern bei einer Ka-
techese über das Ende der Zeit und das Kommen des
Gottesreiches gesagt hat: »Wachet und betet allezeit«.
Und das Gleichnis von der Witwe, die bei einem ge-
fürchteten Richter in ihrer Stadt unermüdlich vor-
stellig wurde, um ihr Recht durchzusetzen, sollte in
der Intention Jesu ebenfalls illustrieren, was das heißen könnte: Betet allzeit und lasst darin nicht nach!
Der älteste Text des Neuen Testaments, der 1. Thes-
salonicherbrief des Paulus, mündet unter anderem in
eine Aufforderung ein, die das Beten betrifft. Es heißt
da: »Freut euch zu jeder Zeit! Betet ohne Unterlass!
Dankt für alles!« Hier wiederholt sich gleich dreimal
das Motiv der Entgrenzung: zu jeder Zeit, ohne Unterlass, für alles. Das ignatianische Konzept des christlichen Lebens – Gott suchen und finden in allem –
will, so meine ich, dies aufnehmen.
Doch ist das denn möglich: beten allezeit und Gott
suchen und finden in allem? Sind wir denn nicht mit
unserem Kopf und mit unserem Herzen und mit unseren Händen ständig bei den Dingen, die uns unmittelbar angehen und oft genug in Beschlag nehmen? Ja, so ist es und so soll es auch sein. Mir liegt daran, dem Motiv des »Gott suchen und finden in allem«
einen Sinn geben zu können, der nicht auf den Rat
hinausläuft, wir sollten unsere Aufmerksamkeit teilen
– in eine fromme Hälfte nämlich, die dem Gebet

vorbehalten wäre, und in eine unfromme Hälfte, die der Erledigung der weltlichen Tagesangelegenheiten gehörte. Dagegen wäre es das ignatianische Ideal, dass der weltliche und der geistliche Einsatz in eins fallen. Wie könnte das nicht nur gedacht, sondern auch gelebt werden?

Die Antwort lautet: Das »Gott suchen und finden in allem« kann nur gelingen, wenn ihm etwas anderes vorausgeht: dass Gott selbst als ein alles Suchender und Findender nicht nur gedacht, sondern auch geglaubt wird. Der Glaube bekennt: Ja, Gott hat sich auf uns zu auf den Weg gemacht und ist auch bei uns angekommen. Und weil Gottes Suchen und Finden nicht im Versuch steckengeblieben ist, sondern zu seinem Ziel gekommen ist – in der Menschwerdung seines Sohnes und in dessen Abstieg in die Dunkelheiten der Welt –, darum dürfen wir unsere Welt und in ihr auch uns persönlich als von Gott Gesuchte und Gefundene verstehen, bevor wir uns unsererseits aufmachen, um ihn dann in allem zu suchen und zu finden. Daraus ergibt sich so etwas wie eine Mystik der Tat, der im Glauben an das Evangelium gründenden Gestalt des »Gebets ohne Unterlass«. Dies ist es wohl, was Ignatius von Loyola mit seinem Wort »en todo amar y servir«, »in allem lieben und dienen« – wie es in einer Betrachtung seiner Geistlichen Übungen heißt – gemeint hat.

Dass der von uns verkündigte und geglaubte Gott ein Gott ist, der ein Herz hat und uns und unserer Welt nahe ist, lässt mich immer wieder staunen und dankbar sein, und es gehört zu den Themen, die ich als Theologe immer wieder zu durchdenken versuche.

Werner Löser SJ, Frankfurt/M., geb. 1940

Regelmäßig

Während meines Theologiestudiums konnte ich ein Studienjahr in Jerusalem verbringen. Was mich besonders interessierte, waren die unterschiedlichen Weisen, wie die einheimischen Christen der überwiegend orthodoxen und orientalischen Kirchen, wie Juden und wie Muslime beten. Und so besuchte ich die verschiedenen Gottesdienste der Ostkirchen, nahm an Gebeten in Synagogen oder Moscheen teil, soweit dies als römisch-katholischer Christ möglich und erlaubt war. In Gesprächen vor allem mit orthodoxen Christen und Juden konnte ich dann etwas ganz Entscheidendes über meine bisherige Art zu beten lernen. Mir kam es meistens darauf an, beim Beten Gott zu erfahren, zu spüren, zu erleben, etwas für mich mitzunehmen, am liebsten natürlich inneren Frieden oder Freude. Hier begegnete ich nun Betern, die nicht die Erfahrung Gottes suchten, sondern den Gott der Erfahrung, die einfach treu ihr Gebet verrichteten, weil es ein Gebot Gottes ist, und denen es in keiner Weise darauf ankam, für sich selbst etwas aus dem Gebet mitzunehmen.

Selbstverständlich gibt es solche Beter auch bei uns im westlichen Christentum. Von ihnen allen lerne ich bis heute, dass es beim Beten vor allem darauf ankommt, *dass* ich es tue. Im Gebet richte ich mich auf Ihn aus, weil ich Ihn liebe oder mich zumindest danach sehne, Ihn zu lieben. So sehr Gott auch mein Nachdenken über Ihn schätzt und mich liebevoll anschaut, wenn ich im Alltag nicht an Ihn denke – nur wenn ich Ihn anspreche, wird die Beziehung lebendig. Treue und Regelmäßigkeit tragen das Gebet, nicht der Trost, den ich mir erhoffe. Ich würde Gott viel zu wenig zutrauen, wenn Er an mir oder an anderen nur wirken würde, wenn ich gerade disponiert bin, das auch zu bemerken. *Wie* ich bete – ob mit Psalmen, mit der Heiligen Schrift, einem Bild oder mit dem Jesus-Gebet –, ist für mich dagegen immer mehr zweitrangig, aber nicht nebensächlich geworden. Wie ich bete, ist auch abhängig davon, was mir gerade hilft, mich mehr auf Ihn auszurichten.

Im Noviziat, das auch eine Schule des Betens ist, erlebe ich, wie zentral die Regelmäßigkeit des Gebets auch für die ignatianische Spiritualität und die Lebensform des Jesuiten ist. Die tägliche Feier der Eucharistie, eine Stunde Betrachtung oder Meditationszeit am Morgen und zweimal täglich das sogenannte »Examen«, der Tagesrückblick, prägen den Alltag im Noviziat und üben eine konkrete Regelmäßigkeit ein, die auch später im Dienst tragen soll. Aus meinem Berufsleben vor dem Noviziat weiß ich, wie schwierig es ist, für Gott diesen Platz freizuhalten. Mich tröstet aber, dass mir die Regelmäßigkeit immer dann gelungen ist, wenn die Regel ihr Maß an meiner konkreten Lebenssituation genommen hat. Von dem Jesuitenpater Horst Knott SJ habe ich mit Blick auf gute Vorsätze für das geistliche Leben die drei kleinen »k« gelernt: klein, kurz, konkret. Also: Lieber nehme ich mir weniger vor, vielleicht nur fünf statt 15 Minuten am Abend, um den Tag zurück in Gottes Hände zu legen – aber dann bleibe ich dabei. Alles andere schenkt Er.

Sebastian Maly SJ, Nürnberg, geb. 1976

Beten am Berg

Seit meiner Kindheit haben mir die Berge meiner Tiroler Heimat ein Gefühl von Geborgenheit vermittelt. Als Jugendlicher entdeckte ich die Leidenschaft für das Bergsteigen, die Faszination des Ausgesetztseins, der Naturgewalten und der Kontraste. Die sanften und schroffen Seiten des Berges empfand ich als Spiegel des Lebens und der Seele. Ein unberührter, heiliger Raum, in dem die Seele frei ist und aufgehen kann.

Als ich begann, Hebräisch zu lernen, trug ich die Psalmen bei mir und lernte einige beim Gehen auswendig. »Die auf JHWH vertrauen, sind wie der Zionsberg, der niemals wankt, er bleibt auf ewig. Wie Berge Jerusalem rings umgeben, so ist JHWH um sein Volk, von nun an auf ewig« (Ps 125).

In meinem Beruf gehört es zum Schönsten, die Psalmen zu unterrichten, diese von Blut pulsierenden Lebensverse, die nichts vor dem Gespräch mit dem ewigen Gegenüber zurückhalten. »Mein Gott, mein Gott, warum hast du mich verlassen? Fern meiner Rettung sind die Worte meiner Klage! Mein Gott, ich rufe bei Tag, aber du antwortest nicht; ich rufe bei Nacht und finde keine Ruhe. Doch du bist heilig – der du thronst auf den Preisungen Israels!« (Ps 22). »Wie der Hirsch lechzt nach frischem Wasser, so lechzt meine Seele, Gott, nach dir. Meine Seele dürstet nach Gott, nach dem lebendigen Gott. Wann darf ich kommen und Gottes Antlitz schauen?« (Ps 42).

Wenn ich in Bibliotheken und im Trubel der Städte unterzugehen drohe, zieht es mich wieder in die Einsamkeit der Berge. Wenn dann nach langem Aufstieg der Gipfel erreicht ist, mit dem Blick in die Weite endlich der Gedankenstrom versiegt, das Wassertosen aus der Tiefe klingt, ein Windhauch die Wärme der Sonnenstrahlen lebendig erfrischt und sich im Blick auf diese stille, verborgene, mächtige Pracht das ewige Gegenüber zeigt – das empfinde ich als Gebet. »Herr, du warst unsere Zuflucht von Geschlecht zu Geschlecht. Ehe die Berge gezeugt waren, du Erde und Welt geboren hattest, bist du, von Ewigkeit zu Ewigkeit, Gott.«

Dominik Markl SJ, Rom, geb. 1979

Unsere Zukunft liegt nicht im Machen, sondern im Lassen

Als die Jesuiten in meiner Heimat Tschechoslowakei unterdrückt waren, verurteilt zu Gefängnis, Uranbergwerk oder Fabrikarbeit, oder im Untergrund wirkten, und auch, als in meiner neuen Heimat Schweiz die Jesuiten noch verboten waren – wie kann ich da erklären, dass ich, promovierter Akademiker und Offizier der tschechoslowakischen Armee, den Mut fand, den Schritt zu wagen, Jesus auf seinem Kreuzweg zu folgen, alles zu verlassen, das Vaterland, die Eltern, acht Geschwister, den Beruf eines Wissenschaftlers, restlos alles. Es war der Ruf Christi: »Folge mir, und lass die Toten ihre Toten begraben« (Mt 8,20). Das Gebet gab mir die Kraft, ins Noviziat der Jesuiten in Westberlin, wieder ganz nah an einer Mauer, einzutreten. Im Johannesevangelium (Joh 14) steht die tröstende Verheißung, dass der Vater und der Sohn bei uns Wohnung nehmen wollen und dass der Heilige Geist uns beistehen wird. Wenn der dreifaltige Gott in uns wohnt und wir Christen betend Gott unseren Vater nennen aus einer völlig neuen Beziehung heraus, in die wir durch Jesus Christus gesetzt sind, dann hat die alte Angst kein Recht mehr.

Während der verschiedenen Abschnitte meiner Ausbildung und Tätigkeiten (München, Rom, Bad Schönbrunn, Zürich) wurden mir die Hingabegebete des hl. Ignatius, des hl Franz von Assisi, des hl. Bruder Klaus, der hl. Teresa von Ávila und Johannes vom Kreuz wichtig. Sie zeigen die Richtung: Unsre Zukunft ist im Lassen, im Loslassen. Ähnlich der selige Rupert Mayer SJ. Es traf mich ins Herz, was er aus dem Gefängnis an seine betagte Mutter schrieb: »Jetzt habe ich wirklich nichts und niemand mehr als den lieben Gott. Und das ist genug, ja übergenug«. Und dieses Gebet von Karl Rahner SJ für die Weihnachtszeit ist mir nahe: »Brich auf, mein Herz, und wandere! Es leuchtet der Stern. Viel kannst du nicht mitnehmen auf den Weg. Und viel geht dir unterwegs verloren. Lass es fahren. Gold der Liebe, Weihrauch der Sehnsucht, Myrrhe der Schmerzen hast du ja bei dir. Er wird es annehmen. Und wir werden finden.« Und noch etwas von Karl Rahner: Nach meiner Primiz zog er mich am Ärmel vom Gang in die Kollegskapelle hinein, fiel vor mir auf die Knie und bat mich um den Primizsegen. Einmal waren wir im »Schwarzen Adler« Kaiserschmarrn essen und er sagte mir: »Dein Glaube, Timotej, ist wie der Glaube deines Volkes, naiv, aber wahr!«

Timo Masar SJ, Zürich, geb. 1939

Begegnung

Als Jesuit durfte ich vor 20 Jahren in Spanien meine letzte Ausbildungseinheit machen, das sogenannte Tertiat. Es war eine mehrmonatige »Schule des Herzens«. Eines Tages sagte mir mein Begleiter: »*Deine Berufung ist es, Freundschaft zu leben!*« Er meinte damit vor allem die Freundschaft mit Gott, aber auch mit Menschen auf dem geistlichen Weg. Immer mehr entdecke ich diese Berufung wie einen Schlüssel, wie das Passwort zu meinem ganzen Leben. Das prägt auch meine Art zu beten, in ausdrücklichen Gebetszeiten und mitten im Alltag.

Früh am Morgen nehme ich mir eine längere Zeit zum Beten. Ich habe gelernt, dass es die für mich am meisten geschützte Zeit ist. Im Morgengrauen gibt es noch keine Termine, werde ich noch nicht gestört. Es ist aber auch die beste Zeit. Denn »*am Morgen werden die Weichen für den Alltag gestellt*« (Edith Stein). So erlebe ich es: De Begegnung am Morgen mit Gott gibt dem ganzen Tag die entscheidende Prägung und Ausrichtung. Beim morgendlichen Gebet darf ich etwas vom Licht und vom Atem der Ewigkeit empfangen. Ich habe den Eindruck, das lässt mich im Alltag leichter erkennen, was vor Gott zählt und bleibenden Wert hat, was ich in seinem Namen weiterschenken darf.

Schon beim Aufstehen freue ich mich auf die Zeit mit Ihm, auf die oft nüchterne Stille mit Ihm, auf die Kraft, den Frieden, das Licht, das nur Er schenken kann. Bete ich, dann feiere ich Begegnung. Oft sitze ich einfach still da, horche auf das Geheimnis hinter der Stille, lasse mich tragen und umfangen von einem Du, das mich liebt. Da begegnet mir der große und verborgene Gott, der mir immer ein Geheimnis sein wird. Dann wieder blicke ich auf den lächelnden Christus von Javier vor mir auf dem Gebetsplatz, betrachte sein Wort und Beispiel in der Heiligen Schrift oder bringe eine Lebenssituation vor sein Angesicht. Da begegnet mir der nahe Gott, der Mensch gewordene Gott, Jesus Christus, der mir bester Freund sein will, der mir vergibt, mich heilt und mich ruft. Gott, verborgenes Geheimnis und zugleich bester Freund, das prägt in Ausrichtung und Inhalt mein Beten. Diese Weite in Gott ist mir sehr wichtig geworden. Ob im Lauschen auf das göttliche Geheimnis oder im Blick auf Jesus Christus: Es ist für mich immer Begegnung. Die »Gebetsmethode« ist Nebensache geworden. Am besten finde ich mich in den Worten der hl. Teresa von Ávila wieder, die schreibt: *»Das Gebet ist meiner Ansicht nach nichts anderes als ein Gespräch mit einem Freund, mit dem wir oft und gern allein zusammenkommen, um mit ihm zu reden, weil er uns liebt.«*

Diese Begegnung mit dem verborgenen und zugleich nahen Gott geschieht auch mitten im Alltag: im Blick auf den Himmel, in der Schönheit der Natur, in der Begegnung mit Menschen, im gemeinsamen Beten, Feiern und Tun, in einem verborgenen selbstlosen Einsatz, im liebenden Ausleiden erhaltener Schläge, in Krankheit … Das alles verbindet mit Ihm. Gerne fasse ich den Schlussteil vom Prinzip und Fundament der Exerzitien des hl. Ignatius so zusammen: *»Alles birgt in sich die Möglichkeit, unser Leben zu vertiefen in Gott«*. Ein klein wenig habe ich in schönen und schweren Tagen schon erleben dürfen, dass in allem Begegnung mit Ihm möglich ist. So möchte ich beten.

Josef Maureder SJ, Nürnberg, geb. 1961

Der Geist sehnt sich
und stillt die Sehnsucht

Wenn ich morgens aufwache, bete ich mit dem Atem »Komm, Heiliger Geist«. Dabei ist mir das Wort »Komm« wichtig. Es hat etwas Drängendes, drückt Sehnsucht aus, die Sehnsucht danach, dass die eigene Leere, die ich jeden Morgen besonders deutlich spüre, ganz erfüllt werde mit der Gegenwart des Lebensatems Gottes. Dieses Gebet begleitet mich den ganzen Tag.

Ein anderes Gebet bete ich besonders gern beim Gehen: den Rosenkranz. Lange Zeit hatte ich den Kontakt zu diesem Gebet verloren, bis ich durch eine Krise wieder dahin zurückfand. Es ist ein betrachtendes Gebet, wobei es mir hilft, zusammen mit Maria auf die Geheimnisse des Lebens Jesu zu blicken. Maria ist dabei nicht »nur« die Frau, die mit mir betet – das allein tut schon gut –, sondern auch die Frau, die mir Jesus zeigt. Das entspricht meiner Lebenserfahrung, dass es oft Frauen waren, die mir das Evangelium gezeigt haben.

Lob und Preis überkommen mich, wenn ich durch die Natur gehe. Im Brevier beten wir an Sonn- und Feiertagen besonders häufig den Lobgesang der drei Jünglinge im Feuerofen: »Preist den Herrn, Sonne und Mond, preist den Herrn, Raureif und Schnee ...« Wenn ich selbst durch die Natur gehe, brauche ich den Text nicht mehr, da sich mir die Worte über die Augen auf die Zunge legen. Ich preise dann Gott zusammen mit den Bäumen und Blumen, den Wolken und Winden, die ich sehe und spüre. Ein großer Gesang der ganzen Schöpfung.

Ich bin Lehrer. Mein Projekt ist alle Jahre wieder die

»singende Schule«. Es gibt für mich einen tiefen Zu-sammenhang zwischen Gebet und Gesang – ob laut oder leise. Für die Jugendlichen habe ich das Ziel, dass sie in ihrer Schulzeit an einer Jesuitenschule wenigs-tens drei oder vier Lieder und Gebete kennenlernen, die so gut sind, dass sie ihnen auch viele Jahrzehnte später in ihrer Todesstunde im Herzen erklingen kön-nen. Das entspricht meinem eigenen Wunsch: Ich möchte mit Liedern auf den Lippen sterben. »Vater, in deine Hände befehle ich meinen Geist.«

Klaus Mertes SJ, St. Blasien, geb. 1954

Der Herr ist im Kommen

Weit muss ich zurück in die 60er Jahre des vorigen Jahrhunderts. Gleich dem jungen Samuel packte mich, unerfahren wie er, die Frische des Anfangs. Ich bin dem begegnet, der nicht von dieser Welt ist, aber meine Sehnsucht wurde.

Als junger Mensch war ich nicht religiös erzogen worden. Erst als 13-Jähriger kam ich in einen zunächst vorläufigen Kontakt mit der katholischen Kirche. Der Beruf des Kochs machte mich nicht glücklich. Danach kam ich für sechs Jahre auf das Hauptpostamt 2 in Hannover. Der Schichtdienst wurde zu einer Begegnungszeit mit dem Herrn. Ich stieß auf die Bücher von Romano Guardini. Ich las in den Nachtpausen auch Augustinus, Teilhard und andere. So geriet ich in die Dimension des Göttlichen Geheimnisses, ein Ereignis, das ein entscheidender Anlass für meinen Ordenseintritt bei den Jesuiten wurde.

1968 begann ich mein Noviziat. Da wurde das Beten und Betrachten auf methodische Füße gestellt. Das brachte, zumal durch die Exerzitien des hl. Ignatius, einen unverzichtbaren Gewinn. In der Bibliothek stand eine Unmenge von Gebetsliteratur. Ich nenne die Autoren Otto Pies, Heinrich Bacht, Huub Osterhuis, Jean-Pierre de Caussade, Ladislaus Boros, Franz Jalics, Paul Schütz. Sie und viele andere wurden inspirierend und befruchtend für mein Beten.

Gegen Ende des Lebens, im Rückblick besonders auf das Ordensleben, ist mein Beten verschiedensten Wandlungen unterworfen worden. In der Schlussphase meines Lebens hat mich immer mehr der prophetische Anspruch unseres Herrn Jesus Christus fasziniert. Mir ist das Gegenwärtig-Sein des Herrn eine tragende Kostbarkeit, die gewissermaßen ein dauerndes Zwiegespräch als sein Kind zulässt. Vorerst bin ich noch eingespannt und abgelenkt vom täglichen Ablauf gewisser Arbeiten. Ich hoffe darauf, diese Form des Betens noch zu finden: das ganz zweckfreie Beten vor Jesus und dem dreieinigen Gott. Das liebende Verweilen vor ihm in Ganzhingabe und »das Verkosten der Dinge von innen«, wie der hl. Ignatius es ausdrückt.

Dieter Metzler SJ, Berlin, geb. 1937

Fürbittgebet

Das Fürbittgebet ist mir in den letzten Jahren ganz neu begegnet. Dies geschah im Zuge meiner Beschäftigung mit dem »Gemeinsamen Priestertum aller Getauften«, das das Zweite Vatikanische Konzil nach langer Verborgenheit wieder aus der Taufe gehoben hat. Das Fürbittgebet ist eine Gestalt des Betens, die wesentlich zu unserem Christsein gehört, als Teil jenes Priestertums, zu dem wir alle durch unsere Taufe geweiht sind. Es ist als große Kostbarkeit, über das liturgische Beten hinaus, in mein persönliches Beten eingegangen.

Die Fürbitte gehört substanziell zu jener Liebe, die uns zu unserem priesterlichen Dienst aus der Taufe befähigt. Das Gebet der Kirche, ob an Jesus gerichtet oder durch ihn an den Vater im Hl. Geist, ist daran überreich. Damit sind nicht nur die Fürbitten am Ende des Wortgottesdienstes gemeint. Seit je enthalten die eucharistischen Hochgebete, die der Vorsteher im Namen der ganzen Gemeinde spricht, auffallend viele Fürbittelemente: für die Kirche, für das ganze Volk Gottes; für die Amtsträger und für alle, die zu einem Dienst in der Kirche bestellt sind; für die Lebenden und die Verstorbenen; für alle Nahen und Fernen. Die feierlichen Fürbitten des Karfreitags bezeugen eindringlich die hohe Kultur des liturgischen Fürbittgebets. Auch die anlassbezogenen Feiern der Sakramente, die reichen Messformulare und Segensgebete in verschiedenen Anliegen sind da zu nennen.

Aber auch über die Liturgie hinaus schließt sich die ganze irdische und himmlische Gemeinschaft der Glaubenden, die Kirche auf Erden mit der des Himmels fürbittend zusammen. Wir alle sind an diesem liebevollen, bittenden Eintreten füreinander priesterlich beteiligt. Voll des fürbittenden Gebetes ist bereits die Hl. Schrift. Denken wir nur an das kühne Eintreten Abrahams für Sodom und Gomorra (Gen 18,20–33) oder an Mose, der sogar gegen Gott bei Gott für das Volk eintritt (vgl. Dtn 9,25ff.).

Menschen bitten vertrauensvoll Jesus für ihre Kranken und bringen sie zu ihm. Denken wir an Jesus selbst, insbesondere an jenes Gebet, das wir mit »hohepriesterlich« überschreiben (Joh 17). Es ist ganz und gar Fürbitte für die Seinen. Zum Vater erhöht »sitzt (er) zur Rechten Gottes und tritt für uns ein« (Röm 8,34b).

Wer einmal damit begonnen hat, das Fürbittgebet ins persönliche Beten aufzunehmen, macht über kurz oder lang die Erfahrung, wie viel an Liebe und Wärme, an Erhörungsgewissheit und Dringlichkeit, trotz Enttäuschungen, neu ins Beten einzufließen beginnt; wie viel herzlich innige Verbundenheit, wenn wir anfangen, Menschen mitzunehmen und zu tragen, um sie Jesus oder gar dem Vater unmittelbar zu Füßen, in den Schoß und ans Herz zu legen! Selbstverständlich: Gott kann und will auf jeden Fall helfen. Aber er möchte, dass wir gemeinsam, uns ihm und einander liebevoll verbindend, zu ihm gehen. Mögen andere Wege füreinander uns oft versperrt sein, dieser Weg der Liebe, das Fürbittgebet und auch das Segnen, stehen uns immer und überall offen. Und an Gebetsstoff fehlt es nie!

Elmar Mitterstieler SJ, Wien, geb. 1940

Bitten, was ich will

Eine der methodischen Hilfen des Exerzitienbuches ist die sogenannte »spezielle Bitte«. Sie soll je nach Gebetszeit und Inhalt variiert werden. Ich bitte nicht nur allgemein darum, im betrachteten Schrifttext das zu entdecken, was der Herr mir zeigen will, sondern unterbreche gleichsam die Betrachtung und bringe meine Sehnsucht und meine Voreinstellung ins Gebet: »Gott unseren Herrn um das bitten, was ich will und wünsche« (EB 48) – kein anderer Ausdruck kommt in den Geistlichen Übungen häufiger vor. Die Gebetsanleitung des Ignatius hört sich etwas zu einfach an, oder nicht? Fast wie der Tipp, den Hape Kerkeling unterwegs auf dem Jakobsweg von der niederländischen Pilgerin Jose bekommt: »Weißt du, wenn ich etwas brauche, bestelle ich es einfach beim Universum!«

Geht es im Gebet nicht statt meines Willens darum, dass Gottes Wille geschehe? Handelt Gott, wenn ich ihn bitte? Wie genau soll ich meine Bitte formulieren? Ist eine solche Bitte nicht ein Selbstgespräch, eine fromme Spiegelung meiner eigenen Sehnsüchte? Sollte ich nicht vor Gott nur schweigen? »Wer versucht, seine tiefere Sehnsucht auszusprechen, wird bald merken, dass dies nicht leicht ist. Eben weil unser Lebensglück so sehr davon abhängt, haben wir die Sehnsucht gewöhnlich so gut aufbewahrt, dass wir sie kaum zum Vorschein bringen können. Sie ist in einem Bereich aufgehoben, zu dem der Verstand nur schwer Zugang findet« (Piet van Breemen).

Die Bitte an Gott bringt zum Ausdruck, dass die ignatianische Betrachtung ein respektvolles, ganzheitliches, dialogisches Geschehen ist. Die Zeit, die ich mit

Gott und vor Gott verbringe, ist eine Form der Begegnung. Diese Überzeugung ist keineswegs selbstverständlich, denn sie setzt voraus, dass Gott in dieser Welt gegenwärtig ist und dialogisch handelt: durch sein Wort und meine Erfahrungen, die er mir schenkt; durch den Heiligen Geist und meine tiefste Sehnsucht, die auf den Willen Gottes hindeutet. Das Bittgebet ist der »Testfall« dieses Glaubens und fällt vielleicht deshalb oft so schwer.

Sicherlich verändert das Gebet zunächst mich selbst. Es ist die Anrede an Gott aufgrund meiner Erfahrung und deshalb ein »Projektionsgeschehen«. Doch sollte Gott nicht auch und darüber hinaus durch innerweltliche Zusammenhänge wirken können? Die Bitte bildet gleichsam den Übergang zwischen Alltag und Gebet: Ich werde mir bewusst, was mich beschäftigt, welche Absichten mich gerade leiten und welche Gefühle mich bewegen. Wie bei einem Gespräch mit einem Freund kann ich meine Gedanken vertrauensvoll aussprechen. So blockieren sie mich nicht mehr: zugeben, was ich selbst nicht kann; frei werden für die Gegenwart Gottes. Ich staune manchmal, wie sich eine Bitte unbewusst durch die Betrachtung zieht und im Nachhinein fast wie ein roter Faden wirkt, hineingewoben und gewandelt.

Christian Modemann SJ, Bonn-Bad Godesberg, geb. 1974

Nightfever

Mein Gebet verändert sich je nach Lebensphasen. Momentan übergebe ich mich Gott gut in der Form des Abendgottesdienstes »Nightfever«. Dieser Gottesdienst dauert etwa fünf Stunden. Er beginnt mit einer Eucharistiefeier, wo die Verkündigung der Frohen Botschaft hinführt zur leiblichen Vereinigung mit dem eucharistischen Herrn. Darauf folgt eine mehrstündige Anbetung des ausgesetzten Allerheiligsten. Dies geschieht in einem emotional geprägten Raum. Es werden Anbetungs- und Hingabelieder im Stil von »Nightfever« gespielt und gesungen, eher leise, meditativ, getragen, intensiv. Die Kirche ist dunkel, mit wenigen Lampen, aber mit Hunderten brennender Teelichter erleuchtet. Die Hostie in der Monstranz wird angestrahlt. Integriert ist eine Phase der Sendung, wenn die Betenden hinaus auf die Straße gehen, Passanten eine Kerze schenken und sie in die Kirche einladen, um das Teelicht bei der Monstranz anzuzünden.

Innerlich verbunden ist diese Art der Anbetung dem kontemplativen Gebet. Ich bete auch gern in der Stille, wach, aufmerksam, interessiert, lauschend, aufrecht sitzend, mit Fokus auf den Atem. Es wird »Einfaches Gebet« genannt, weil man nichts tut, denkt, macht, plant, überlegt, analysiert. Es ist das einfache Dasein vor Gott. Ignatius von Loyola hat dies in seinen Geistlichen Übungen so beschrieben: »Die dritte Weise des Betens soll nach dem Rhythmus sein. Bei jedem Atemzug soll man geistig beten ... Man soll also zwischen einem Atemzug und dem anderen nur ein Wort beten« (GÜ 258). An dieser Stelle bete ich »Christus-Jesus.« Also »Christus« mit dem Einatmen und »Jesus«

mit dem Ausatmen. Nur dieses. Obwohl es so einfach klingt, gibt es viele Hindernisse auf diesem Weg des kontemplativen Gebets: Ablenkungen, Gefühle, Zerstreuungen und vieles mehr. Franz von Sales hat dies treffend formuliert: »Wenn dein Herz wandert oder leidet, bring es behutsam an seinen Platz zurück und versetze es sanft in die Gegenwart deines Herrn. Und selbst wenn du in deinem Leben nichts getan hast, außer dein Herz zurückzubringen und wieder in die Gegenwart unseres Gottes zu versetzen, obwohl es jedes Mal wieder fortlief, nachdem du es zurückgeholt hattest, dann hast du dein Leben wohl erfüllt.« Das ist das »Tun« in der Kontemplation.

In einem Praxisjahr in der Klinikseelsorge in Chicago war das anders. Dort wurde ich oft zu Krankensalbungen gerufen. In dieser Zeit durfte ich viele Menschen tröstend, salbend, betend, sprechend berühren. Das hat mich so ergriffen, dass ich abends diese Erfahrungen nur lassen und loslassen konnte. Hingeführt zur Kontemplation haben mich die Schriftbetrachtungen der ignatianischen Großen Exerzitien. Dort wurde mir mithilfe des betrachtenden Betens klar, dass ich – bekehrt von meinem früheren Leben und erlöst von meinen Verfehlungen – unter dem Kreuz nach vorne schauend, den Menschen Christus bringen wollte.

Zusammenfassend gilt sicher in allen Lebensphasen das Wort von Niklaus von Flüe: »Mein Herr und mein Gott, nimm alles von mir, was mich hindert zu dir. Mein Herr und mein Gott, gib alles mir, was mich fördert zu dir. Mein Herr und mein Gott, nimm mich mir und gib mich ganz zu eigen dir.«

Lutz Müller SJ, Mannheim, geb. 1962

Tja, wie bete ich?

Beim Nachdenken kam ich mir wie ein Archäologe vor, der in die Tiefe gräbt. Ganz unten fand ich Tischgebete, die ich immer noch verwende. Meine Eltern hatten kurze Texte gewählt, für die Aufmerksamkeitsspanne von Kleinkindern. Dann fand ich eine Vorliebe für das »Ave Maria«, deutsch. Die stammt aus der Jugendzeit im Bund »Neudeutschland« mit dem abendlichen Bundes-Ave füreinander. Wenn ich unterwegs das Angelusläuten höre, bete ich gerne mit.

Dann wurde es bei Nachgraben negativ. Kein Breviergebet. Schon wenige Jahre nach der Weihe merkte ich: Das nährt mich nicht. So habe ich mich ganz amtlich dispensieren lassen zugunsten von «Hl. Schrift lesen« oder »über die Hl. Schrift lesen«. So halte ich es seit Jahrzehnten und erlebe es fruchtbringend für mich und für andere. Diese kleingehäckselten Stückchen aus Bibel und Kirchenvätern, diese oft alttestamentlichen Gottesbilder mit wenig Bezug zum Schriftwort »Seht, ich mache alles neu« (Offb 21,5). Ich bin froh, dass ich sie eingetauscht habe gegen Zusammenhängendes, in mir Bleibendes. Beim nachdenklichen Lesen, ohne vorgegebenes Pensum, verschwimmt mir der Unterschied zum Gebet, zum Verweilen in Seiner Gegenwart.

Zu meiner Gegenwart nun: Eucharistie feiern – ist das nicht weithin Gebet? Eucharistie: *das* Vergnügen des Tages! Essen und Trinken ist vergnüglich. Deshalb hat Jesus es zu seinem Gedächtnis bestimmt. Was viele liturgische Gebetstexte angeht mit ihrer Betulichkeit und oft Ängstlichkeit – da entsinne ich mich an meinen Novizenmeister: »Ihr werdet euch schon zu helfen wissen«. So lasse ich also vor allem viele Adjektive aus.

Zu meinem Beten insgesamt: Jesus sagte: »Ihr braucht nicht viele Worte zu machen. Euer himmlischer Vater weiß ja schon Bescheid« (Mt 6,7f). – Außer wenn mich jemand eigens darum bittet, spreche ich so gut wie keine Bittgebete. Wie es mir ergeht, überlasse ich getrost Ihm. In seiner Gegenwart, *in* Ihm leben und sein, das will ich. Freundschaft braucht Zeit zusammen. Die zu verwirklichen, bin ich achtsam. Worte braucht es da selten. Ich rede also Gott kaum an. Wozu auch? Wir kennen uns ja (für mich füge ich hinzu: hoffentlich).

In den jährlichen Exerzitien sitze ich gern an einem Flussufer, an lebendigem Wasser. Oder ich gehe gelassen auf und ab. So öffne ich Gott Raum und Gelegenheit, seine Freundschaft mit Leben zu füllen.

Jeden Tag schließe ich, vor dem Hinlegen, mit einem bedächtigen, wortlosen Kreuzzeichen über mich. Das ist kaum ein Zeichen der Verehrung des Geschehens auf Golgatha. Es ist ein Zeichen, das mich bedeckt, mich seiner Gegenwart vergewissert, ehe ich mich in den Schlaf gebe. – Es gibt übrigens ein ganz kurzes Gebet, das ich gern sage und das sich auch hier als Schlusswort eignet: Amen.

Franz-Anton Neyer SJ, Neumarkt/Opf., geb. 1928

Unerwartetes erleben

Wenn ich auf mein Gebetsleben schaue, zeigt sich mir eine bunte Mischung von ganz unterschiedlichen Erfahrungen und Formen, die mich auf meinem Weg begleitet haben. Und doch sehe ich das Verbindende: Wie kann ich meine Beziehung mit Gott pflegen und Ihn in meinen Alltag bringen?

Mit dem Ordenseintritt wollte ich einen Schritt in der Begegnung mit Gott vorankommen. Das Noviziat als eine Zeit, in der ich mich auf das Wesentliche konzentrieren kann und in der ich zu einer Lebensentscheidung komme. Betrachtungen waren mir nicht fremd und doch habe ich diese Gebetsform neu entdeckt. Dafür waren Erklärungen und Hilfestellungen sicher wichtig, aber entscheidend war wohl, dass ich mich selbst mehr einlassen wollte und konnte.

Dabei bietet das Beten anhand eines Evangelientextes eine Herausforderung: Auf der einen Seite gibt es die eigenen Themen und Fragen, die das persönliche Gebet beeinflussen, und andererseits wird mir durch die jeweilige Stelle etwas vorgegeben. Die sogenannte Schauplatzbereitung – also wie ich mir das Erzählte vorstelle – bietet ihre Schwierigkeiten, wenn ich mit meinen Gedanken ganz woanders bin. Finde ich jedoch einen Zugang und kann mich auf die Sache einlassen, dann tauche ich in eine andere Welt ein. Ich erlebe Jesus in einer bestimmten Situation, und ich erlebe mich in dieser. Wo stehe ich? Was ist mein Platz, und wie reagiere ich auf das Verhalten Jesu? Was empfinde ich in diesem Moment? Eine bestimmte Begebenheit wird neu lebendig und kann sich mir ganz anders zeigen, meine erwarteten und geprägten Bilder vergessen machen.

Nicht immer verstehe ich rückblickend, was genau sich in der Gebetszeit ereignet hat. Oft würde ich es als eine Begegnung mit Gott beschreiben, die mich stärkt und Kraft für den Alltag gibt. Es gibt aber auch Unverständliches oder dass ich gar keinen Zugang zur jeweiligen Stelle gefunden habe. Daneben gibt es aber auch die Erfahrung, dass etwas Unerwartetes sich einstellt: Die Textstelle, die scheinbar gar nichts mit meinen Gedanken zu tun hatte, erschließt mir diese neu. Plötzlich zeigt sich mir ein Zusammenhang zwischen dem Evangelium und meinem eigenen Leben. Etwas klärt sich und wird mir neu bewusst. Eine Bewegung, eine Geste, ein Wort, etwas, das mich angesprochen hat, zeigt mir etwas Neues. Ich bekomme eine andere Sichtweise geschenkt. Ich kann aufgrund dieser Erfahrung etwas neu sehen und ins Gebet bringen.

Im Kern rührt dieses Geschehen aus der Begegnung mit Jesus. Die Ausrichtung auf Ihn als Gegenüber ist für mich wichtig. Ich kann ihn nicht greifen und mir nicht alles vorstellen oder verstehen, so komme ich an meine Grenzen und werde durch ihn herausgefordert. Dass er nicht verfügbar ist und manchmal erschreckend groß und anders, wird mir immer wieder neu bewusst. Und doch gibt es auch die andere Erfahrung: Wie unbegreiflich real und konkret Er ist. Wie spürbar und fassbar Gott in Ihm geworden ist.

Jörg Nies SJ, Leipzig, geb. 1984

Erinnerung

Beten hat für mich viel mit Erinnerung zu tun. Erinnerung an meine Familie und meine Heimat, wenn ich abends das Gute-Nacht-Gebet bete, das mir meine Eltern beigebracht haben. Und von dem ich weiß, dass sie und meine Schwester es ebenfalls nach wie vor beten. Erinnerung an die Gemeinschaft der Schwestern und Brüder im Herrn über die eigenen Familienbande hinaus, wenn ich das Vater unser bete. Das Gebet, das mich mit allen Christen über die Grenzen von Raum und Zeit hinweg verbindet. Erinnerung an Vater Ignatius und meine Freunde im Herrn des Ordens sowie an die Großen Exerzitien und die Gelübde, wenn ich das Suscipe – das Hingabegebet – spreche, das ich immer bei mir trage. Erinnerung an die Anliegen meiner Mitmenschen und der Menschheit als Ganzer im Bitt- und Segensgebet. Erinnerung an Jesus Christus, daran, auf welche Art und an welchen Orten er gelebt hat in der Betrachtung. Erinnerung an die Barmherzigkeit Gottes und seine Einladung zum Neubeginn im Kyrie. Erinnerung an sein Versprechen ewigen Lebens in der Gemeinschaft mit ihm in der Eucharistie. Erinnerung an die Wohltaten Gottes, die er mir schenkt und weiterhin schenken möchte im abendlichen Rückblick. Zusammenfassend: Gebet als Erinnerung, dass ich mein Leben nicht alleine lebe, sondern Gott es mit mir lebt. Und durch die Erinnerung den Alltag von dieser Erinnerung durchdringen lassen in der Hoffnung, dass er selbst zum Gebet wird und ich in ihm selber zur Erinnerung an Gott und seine Verheißung werde.

Felix Polten SJ, Berlin, geb. 1983

Etappen und Entwicklungen

Soweit die Erinnerung trägt, haben unsere Eltern all-abendlich an unseren Kinderbetten für uns, meinen älteren Bruder und mich, und später mit uns gebetet. So lernten wir die Kindergebete.

Als ich zehn war, schenkte mir eine Freundin ein erstes Kindergebetbuch, das ich abends vor dem Einschlafen wie ein Lesebuch benutzte. Da es auf Weihnachten zuging, lernte ich die vielen Strophen von »Ihr Kinderlein, kommet ...« auswendig.

In Berlin kam für mich eine Wende. In den ersten Jahren nach dem Zweiten Weltkrieg suchte ich die Jesuiten in ihrer Pfarrei St. Clemens auf und erhielt Glaubensunterricht durch P. Bruno Schmidt. Er nahm mich 1947 in die katholische Kirche auf. Als Kleinkind war ich in der Karlshorster evangelischen Kirche getauft worden. P. Schmidt prägte mich durch die von ihm durchgeführten »Christuskreise«. Dadurch wurden meine Gebete persönlicher, mehr auf Christus bezogen.

1950 trat ich ins Noviziat der Jesuiten ein. Hier lernte ich die Erweiterung des Gebetslebens durch die Meditationen, deren Reichtum mir im Verlauf der Ausbildungsjahre immer mehr bewusst wurde.

Fruchtbar war für mich der Aufenthalt in Frankreich im Ausbildungsjahr nach der Priesterweihe Hier lernte ich die Überwindung der bisher praktizierten Trennung von Natur und Gnade, und damit begann für mich die tiefergehende Spiritualität durch meine französischen Lehrmeister.

Ab 1971 kam ich im Westteil Berlins zum priesterlichen Einsatz. Die Vielfalt der Großstadtseelsorge ließ mir oft wenig persönliche Zeit. So nahm ich in meinem Alltag Zuflucht zum »Ein-Wort-Gebet«, das heißt, dass ich mir einen Satz der liturgischen Lesung oder des Evangeliums tagsüber immer wieder bewusst machte, oder ich griff zum Rosenkranz.

Für die Entwicklung meines Gebets fand ich bei meinem Lieblingsautor Romano Guardini wichtige Impulse, wenn er Gebet versteht als »eine vertrauende Hinwendung zu Gott; ein inneres Sprechen, in welchem das Herz Ihm ohne viel Erwägungen sagt, worum es geht« oder »mit seinem lebendigen Inneren zu Gott gehen«.

Das lebendige Innere ist für mich vom Heiligen Geist gewirkt. Das spüre ich auf, wenn ich mich in die Stille einer Kapelle zurückziehe. Hier vor dem Allerheiligsten, der Gegenwart Christi, braucht mein Gebet nicht mehr viele Worte – der Heilige Geist ist es, der in mir atmet. So wird mein Beten immer mehr geistgetragen.

Manfred Richter SJ, Berlin, geb. 1932

Vom Erzählen und Zuhören

Mein Beten ändert sich stets, es war nie gleich und ist es auch jetzt nicht. Beten bedeutet für mich, Beziehung zu leben, meine Beziehung mit Gott. Diese war als Kind anders als jetzt, hatte vor dem Ordenseintritt einen anderen Charakter als nach der Entscheidung, Jesuit zu sein, und wird sich auch künftig ändern. Mein Beten hat im Laufe des Kirchenjahres verschiedene Akzente und gestaltet sich im Urlaub oder in den Exerzitien anders als in hektischen Zeiten der Arbeit oder des Lernens.

Zwei tragende Säulen haben sich dabei dennoch entwickelt: die Messe und das Abendgebet. Durch das Leben im Orden habe ich das Privileg, dass die tägliche Messfeier in den Alltag integriert ist. Das war vorher im »normalen« Berufsleben komplizierter. Die Messe nimmt mich mit hinein in das Geheimnis des Lebens und Sterbens Jesu. In der Eucharistie empfange ich den auferstandenen Jesus Christus und bete dabei, dass er immer mehr durch mich aktiv wird, dass er mit mir vorangeht und den Alltag anpackt.

Im Abendgebet gebe ich den Tag an Gott zurück. Dabei erzähle ich dem Herrn, was geschehen ist, danke für das viele Gute, das sich jeden Tag finden lässt, und bitte für das, was schiefgegangen ist oder wo sich noch etwas bewegen sollte. Es ist zudem der Ort, um über Gespräche und Treffen des Tages nachzudenken und dadurch viele Beziehungen vor Gott zu bringen.

Jede Beziehung lebt vom Zuhören und vom Erzählen. Das Spannende beim Beten ist, dass sich vorher nicht sagen lässt, wer von uns welchen Part einnehmen wird.

Hans-Martin Rieder SJ, Rom, geb. 1980

Gott in allem – durch sein Wirken, durch sein Wesen

In einer meditativen Pause in San Pastore bei Rom blätterte ich vor Jahren im Gebet- und Gesangbuch »Gotteslob« und entdeckte ein Gebet, das mich tief berührte. Es ließ mich ahnen, was Gott suchen und finden in allen Dingen dieser Welt, allen Situationen des Lebens meint. Dabei sprach mich auch die Vielfalt seines Wirkens und Wesens als dreifaltiger Gott an: als Ursprung, dem auch ich mein Leben verdanke, als Wort, das in die Nachfolge ruft, als Geist, der belebt, vergibt und wandelt. Mit jedem Vers wurde mir Gottes Gegenwart inmitten dieser Welt bewusster, und ich betete immer wieder staunend:

O Gott, ich bete dich an:
du Weisheit, die mich erdacht, du Wille, der mich gewollt, du Macht, die mich geschaffen, du Gnade, die mich erhoben,
du Stimme, die mich ruft, du Wort, das zu mir spricht, du Güte, die mich beschenkt,
du Vorsehung, die mich leitet, du Barmherzigkeit, die mir vergibt, du Liebe, die mich umfängt,
du Geist, der mich belebt, du Ruhe, die mich erfüllt, du Heiligkeit, die mich wandelt, dass ich nimmer ruhe, bis ich dich schaue:
O Gott, ich bete dich an.

So begann ich auch das »für mich« neu zu verstehen, auf das in den Exerzitien immer wieder verwiesen wird: beginnend von der Betrachtung der Menschwerdung Gottes bis hin zu jener zur Erlangung der Liebe im Ausklang der Exerzitien
Seither begleitet mich dieses Gebet: als Eröffnung und

Zugang zu einer Meditation, oft auch nur mit einem Vers, der meiner Situation und dem Wirken und Wesen Gottes in ihr entspricht und den ich einfach wiederholend bete.

Alois Riedlsperger SJ, Wien, geb. 1945

Rhythmus und Takt

Mein Beten hat sich im Verlauf meines Lebens stark geändert. Es spiegelt meine Beziehung zu Gott, die abwechslungsreich und lebendig ist. Über Jahre hinweg habe ich zusammen mit anderen Psalmen gebetet. Mein Leben in den Worten der Psalmen vor Gott zu bringen hat mir Sprache gegeben und mich davon befreit, gerade im Gebet um mich selbst zu kreisen. Zugleich führten mich die Psalmen zu innersten Empfindungen und ordneten diese in ein biblisches Weltbild ein. Ich fühlte mich aufgehoben in eine Gemeinschaft der Betenden, die sich über Jahrhunderte erstreckt. Auch heute greife ich oft auf Psalmen zurück.

Über Jahre stand dann die Bibelmeditation im Vordergrund. Mir Erzählungen und Gleichnisse durch die Imagination innerlich vorzustellen, wie das Ignatius empfiehlt, lag mir nie. Doch die Texte langsam abzutasten und Wort für Wort abzuklopfen, bis sie ihren eigentlichen Sinn freigeben, hat mich immer mit Freude erfüllt. Genaueres Verstehen ist gewachsen. Immer tiefer konnte ich mich ansprechen lassen. Mit der Zeit hat jeder Text viele Assoziationen zu anderen biblischen Texten wachgerufen, sodass ich mich in der Bibel bergen konnte. Bei Gott anzukommen heißt für mich, in seinem Wort wohnen.

Seit Jahren nun steht aber das Jesus-Gebet im Zentrum: beim Einatmen »Jesus Christus«, beim Ausatmen »Erbarme dich unser«. Nicht nur ich selbst lebe aus der Barmherzigkeit Gottes, sondern das Netzwerk und Geflecht aller Menschen um mich ist einbezogen. Daher empfand ich die Form »Erbarme dich meiner« immer zu eng. Beim Jesus-Gebet wie schon bei den

Psalmen habe ich mich stets um einen bewussten Vollzug bemüht. Muss beim Handeln die Tat in sich gut sein, was immer ich dabei auch empfinde, so reicht beim Gebet äußerliches Sprechen allein nicht. Gesammelt kann ich als Mensch aber nicht so lange sein. Daher ist mein Gebet auch eher kurz.

Die Art und Weise zu beten und zu meditieren entwickelt sich in langen Rhythmen. Zuweilen war ich in Übergängen beunruhigt, vor allem wenn innerlich alles blockiert schien. Doch in der Zwischenzeit habe ich viel Vertrauen gewonnen. Man muss nur gehen, immer wieder neu. So stellt sich eine andere Form ein. Doch daneben stelle ich in meiner Praxis auch eine eigentümlich Konstanz fest: Einerseits zieht sich durch alle Jahre wie ein roter Faden ein Stoßgebet aus meiner Kindheit: »O Herr, ich kann nicht danken dir genug. Es soll dir danken jeder Atemzug. Es soll dir danken jeder Herzensschlag, bis zum letzten Schlag am letzten Tag. Amen.« Dieses Gebet ist ein Erbe meines Vaters, der es mich gelehrt hat. Es verbindet mich mit ihm und erfüllt mich mit Dankbarkeit. Andererseits gehört die Rezitation des »Höre, Israel« (Dtn 6,4) und des »Ich preise dich, Vater« (Mt 11,25–30) zu meinem Morgenritual wie das Duschen und das Zähneputzen. Das Aufsagen des »Höre, Israel« ruft mir wie das Prinzip und Fundament der Exerzitien die grundlegende Ausrichtung des Lebens in Erinnerung. Die Worte Jesu machen mir die Leichtigkeit und Freude bewusst, die aus einem Leben in der Nachfolge Jesu erwachsen. Beide biblischen Texte sind keine Gebete, da ich mich mit ihnen nicht an Gott wende. In beiden aber spricht Gott. Ich höre.

Christian Rutishauser SJ, Zürich, geb. 1965

Das Dankgebet ist eine Kraftquelle des Lebens

Seit vielen Jahren ist mir das Dankgebet immer wichtiger geworden. Schon vor dem Aufstehen am Morgen bete ich zu meinem Schöpfergott und danke ihm für den neuen Tag, den er mir geschenkt hat. Jeder neue Tag ist für mich nicht selbst-verständlich, sondern Geschenk und Auftrag. Gott hat etwas mit mir vor. Am Abend danke ich wiederum Gott für den vergangenen Tag, auch wenn an diesem Tag in meinen Augen nichts los war. Oft habe ich erst viel später erfahren, wie wichtig dieser unscheinbare Tag für mein Leben doch war.

Seit meiner Kindheit bete ich jeden Tag zur Gottesmutter von Tschenstochau/Polen. Aus dieser Gegend stammte mein Vater. Das erste Mal war ich 1992 bei ihr. So konnte ich vor ihrem Gnadenbild eine Dankmesse für ihre Hilfe und ihren Schutz feiern. Sie ist für mich eine große Fürsprecherin bei Jesus Christus in allen meinen Anliegen. Auch für die Menschen, die mir am Herzen liegen und für die ich Verantwortung habe. Dafür danke ich ihr.

Meine Lieblingsheilige ist die hl. Therese vom Kinde Jesus. Sie ist die Patronin der Priester und Missionare. In schwierigen Seelsorgesituationen bitte ich um ihre Fürsprache. So bete ich neun Tage jeweils ihre Novene. Für ihre oft erfahrene Hilfe bin ich sehr dankbar.

Das größte und höchste Dankgebet ist für mich die Eucharistie. Die Hl. Messe ist von Anfang bis zum Schluss – »Gehet hin in Frieden. Dank sei Gott, dem Herrn« – voller Dankgebete. Allen wird im Gebet gedankt. Unserem Schöpfer, Jesus Christus, der Gottesmutter, allen Heiligen. Diese Dankgebete werden in Gemeinschaft aller Christen weltweit gesprochen. Im Dankgebet ist man nie allein, auch wenn man allein betet: »Wir danken dir, dass du uns berufen hast, vor dir zu stehen und dir zu dienen.«

Für mich persönlich habe ich eine kleine Schatzkiste auf dem Altar meines Herzens liegen. Darin sind kleine Dankzettel, auf denen geschrieben steht: »Wofür ich besonders dankbar bin«. Die Betonung liegt auf »besonders«. So steht auf einem Dankzettel: »Ich bin besonders dankbar, dass mir Gott mein Leben durch meine Eltern geschenkt hat und meine Eltern mir gezeigt haben, es ist gut, dass es mich gibt. So bin ich von Anfang an gewollt.« Diese Dankzettel sind wichtig als Gegensteuerung in den dunklen Stunden meines Lebens, wenn ich nicht mehr weiterweiß, wenn sich die Sonne des Lebens verfinstert. Umgekehrt, wenn mir viel Gutes widerfährt, denke ich an Zeiten, in denen ich traurig war. So bleibe ich im Gleichgewicht und werde nicht hochmütig. Ein weiterer Dankzettel ist: »Christus ist mein bester Freund, er kennt mich besser, als ich mich kenne, meine Licht- und Schattenseiten. Er liebt mich trotzdem jetzt und in Ewigkeit«. Dafür bin ich ihm besonders dankbar. Insbesondere wenn ich schuldig geworden bin und er mir seine barmherzige Verzeihung schenkt. Der wichtigste Dankzettel ist für mich seit meinem Ordenseintritt: »Ich bin besonders dankbar, dass Jesus mich als Sünder in seine Gesellschaft berufen hat.« Wenn mir also etwas Gutes widerfährt, ist das immer ein Dankgebet wert!

Otto I. Schabowicz SJ, Göttingen, geb. 1947

Trost in der Sehnsucht

Wie ich bete? – Unvollkommen wie ein Anfänger.
Allerdings mit dem Unterschied, dass ich im Grunde
weiß, wie man es richtig machen soll. Dazu habe ich
viele Bücher gelesen. Trotzdem gelingt mein Beten
schlecht oder selten. Zumindest nicht so, wie ich es
wünschte und wie es sein müsste.

Es geschieht so: Ich bereite mich auf mein Beten gut
vor, nach bestem Wissen, lege mein Brevier, Texte,
auch Bilder, hin und wieder auch eine Melodie zu-
recht, befolge alle guten Vorschläge, und es will doch
nicht eigentlich gelingen. Ich komme nicht hinein.
Da sind zu viele Dinge des Alltags, die sich dazwi-
schenschieben, die sich mächtiger erweisen als meine
frommen Absichten. Liegengebliebenes, Unerledig-
tes, alles, was auf die Seite geschoben wurde, Briefe,
Telefonate, Ärger, auch viel Unfrommes. Dieser ganze innere Ballast hindert mich daran, in die Gegenwart Gottes oder erst noch vor sein Angesicht zu
kommen. Statt ins Allerheiligste zu gelangen, werde
ich sozusagen in der Vorhalle des Tempels festgehalten, dort also, wo nach biblischem Verständnis Handel
und Händel getrieben werden, wo es lärmig, hin und
wieder tumultig zugeht.

Wie diesem Konflikt entgehen? Oder anders gefragt:
Was stört mich an ihm? Ist es ein unbewusstes Ideal,
dem ich nicht entsprechen kann und das mich deshalb
quält, ein Vorbild, das mich unter Druck setzt, eine
hohe Anforderung, der ich nicht genügen kann? Woher dieses Leitbild? Ist es überhaupt richtig?

Wenn ich die Sache näher bedenke, was denn Rich-
tigkeit oder Gottgemäßheit eines Gebetes ausmacht,
dann legt sich mir Folgendes nahe: Wie immer ich

es anstelle, ich kann meinem Alltag nicht entfliehen, auch da nicht, wo ich mich mit frommen Gedanken umgebe und zu beten versuche. Ich trage meine Sorgen und Lasten, seelische und materielle, kann sie nicht abwerfen, selbst da nicht, wo ich mich an privilegierte Orte der Sammlung zurückziehe. Nirgendwo finde ich jenes Versteck oder jene einsame Höhe, wo ich sozusagen in staubfreier Transzendenz von allen Ablenkungen und Sorgen befreit wäre. Das Licht des Tabor war nur wenigen vergönnt, und auch nur kurze Zeit. Es war zu hell. Die Kleider Jesu, welche himmlische Glorie widerspiegeln (Mt 28,3) waren *»so weiß, wie sie auf Erden kein Bleicher machen kann«* (Mk 9,3).

Tabor ist Ausnahme, bleibt Vorgeschmack, ist nicht für den Alltag. Der Ort, der mir zum Gebet angewiesen ist, bleibt das Tal, die Niederung, die Vorhalle des Tempels. Hier, wo es geschäftig zugeht, finde ich mich zum Beten ein, hier zumindest liegt der Anfang allen Gebets. Das ist Ortsanweisung, ist Faktum. – Ob es so auch richtig ist, ob an diesem Ort der Vorhalle auch gottgemäß gebetet werden kann? Ist hier heiliger Boden? Zwar heißt es: »*... ein einziger Tag in den Vorhöfen deines Heiligtums ist besser als tausend andere*« (Ps 84,11). Ich verstehe es so: Äußerlich gesehen ist die Vorhalle ein Teil der ganzen Tempelanlage, sie gehört zum göttlichen Bereich, ist engstens mit dem »Allerheiligsten« verbunden, so sehr, dass das innere Licht nach außen dringt. »*Der Tempel wurde von der Wolke erfüllt, und der Vorhof war voll vom Glanz der Herrlichkeit des Herrn*« (Ez 10,4). – Was für mein Beten daraus folgt: Auch wo ich in der Vorhalle bin, keine direkte Gelegenheit habe, mich hinzuknien, bin ich dennoch auf heiligem Boden, in Gottes Gegenwart. Nicht vor ihm direkt, aber gewiss bei ihm in seiner Nähe, in seinem Glanz. Das ist der Trost: Auch da, wo ich nicht in seine unmittelbare Nähe gelange, fallen Lichtstrahlen, die vom Inneren kommen, auf mich. Vereinzelt oft nur, aber gerade genug, um den Vielbeschäftigten zu beruhigen und zu trösten.

Was mich zusätzlich bestärkt? Des Öfteren sitze ich da, halte Ausschau nach dem Heiligtum, lese Psalmen, die meiner Stimmung ganz und gar nicht entsprechen. Sie überfordern und ärgern mich. Wenn es etwa heißt: *»Mein Herz ist bereit, o Gott, mein Herz ist bereit, ich will dir singen und spielen«* (Ps 108,1). Ich fühle mich dazu nicht in Stimmung, vermag nicht so zu beten und zu singen, wie der Psalm es mir nahelegt. Aber dann passiert es, dass da, wo ich bei diesen sperrigen Versen bleibe, die katrige Stimmung sich löst und einer tiefen Sehnsucht Platz macht. Ach, könnte ich doch einstimmen in ein solches Lob, könnte ich doch Gottes Antlitz sehen, würde ich doch herausgeführt aus der Enge meiner Gedanken und Gefühle! Da gereicht mir Georges Bernanos zum Trost: »Der Wunsch zu beten ist schon Gebet.« Vieles, was mich plagt und überfordert, fällt ab, Friede kehrt ein.

Solange die Sehnsucht nach Gott in mir lebendig bleibt, brauche ich mich nicht wegen der Unvollkommenheiten meines Gebetes zu plagen. Ich kann mich mit meinem Platz in der Vorhalle des Tempels versöhnen und darf hoffen, dass auch dieses Gebet Gottes Ohr erreicht.

Hans Schaller SJ, Fribourg, geb. 1942

Gott gibt mir Raum,
indem er mich auf sich hin öffnet

Mit Dankbarkeit denke ich an mein Noviziat zurück. Der damals noch fast klösterliche Rahmen mit seinem geregelten Tagesablauf war dem zögerlichen Wachstum meines geistlichen Lebens ein wohltuender geschützter Raum. Erst viel später wurde mir klar, welche Grundlagen mir damals gelegt wurden. Aber in den zweiten Abschnitt meiner Ausbildung, in das Studium der Philosophie, konnte ich diesen Rahmen nicht mitnehmen. Die Leidenschaft des Denkens begann mich zu fesseln. Dazu kamen die Aktivitäten des studentischen Lebens. Es war das Jahr 1968, eine Zeit, die auch im Orden einen erheblichen Traditionsbruch mit sich brachte. Plötzlich hatte ich den Eindruck, das Beten schlicht verlernt zu haben. Es schien keinen Platz mehr in meinem Leben zu haben. Meinem Provinzial gestand ich dies offen bei der üblichen Gewissensrechenschaft. Seine Antwort war die: »Jetzt mach dir mal keine Skrupel darüber, wann und wo und wie viel du beten sollst! Merk dir nur das eine: Du musst jeden Tag in eine rezeptive Haltung Gott gegenüber kommen. Wirklich jeden Tag! Daran hängt alles: dein Glaube, deine Berufung und deine Qualität als Mensch.«
Für dieses Wort bin ich ungeheuer dankbar. Ich konnte bald feststellen, dass ich das Bedürfnis nach dieser »Rezeptivität« durchaus hatte und dass es sich, wenn ich nur darauf achtete, seine äußere Gestalt fast selbst suchte. Der Anfang ergab sich damit, dass ich mich öfter in die Kapelle setzte. Ich bemerkte dabei, dass ich an eine von Jugend an vertraute Gewohnheit anknüpfte, nämlich gern eine am Weg liegende Kir-

che zu betreten und darin zu verweilen. Ich lernte also wieder, wie schön es ist, einfach vor Gott da zu sein: Ja, ich darf da sein vor Gott. Er gibt mir Raum, und eben dies teilt er mir durch die Stille des Kirchenraumes mit. Eigentlich war mir diese »rezeptive Haltung Gott gegenüber« nie verloren gegangen. Ich durfte sie aber neu entdecken wie eine Perle oder einen Schatz im Acker (Mt 13,44f). Ich glaube sagen zu können, dass seither kein Tag vergangen ist, an dem sich dieses »Rezipieren« nicht einstellte, einfach als Atemholen, und dies in einem Rhythmus wie das natürliche Atmen.

Heute brauche ich nicht mehr den Kirchenraum dazu, obwohl ich ihn immer wieder aufsuche (ob bei uns im Haus oder in der Stadt) außerhalb der liturgischen Pflichten. Dazu kam aber mit der Zeit eine Konkretisierung, die mir neben dem stillen Verweilen die liebste geworden ist: das Lesen der Heiligen Schrift. Jeden Tag beginne ich mit solcher Lektüre, sei es aus den Tageslesungen oder aus einer größeren Einheit, die ich dann stückweise durchgehe. Ich verweile stets bei den Worten und mache die überraschende Erfahrung, dass sich mir immer wieder ein wunderbarer Zusammenhang auftut. Gott lädt mich gleichsam ein, ihn zu betreten wie einen Kirchenraum mit seiner erhabenen Architektur.

Ich gebe ein Beispiel aus den letzten Tagen: Gen 2,7: »Gott bildete den Menschen aus dem Erdboden und hauchte in seine Nase den Lebensatem.«

Das ist eine Mund-zu-Mund-Beatmung. Gott teilt uns zum Atmen seinen eigenen Atem mit. Dazu fiel mir Röm 8,26 ein: »Wir wissen nicht, worum wir in rechter Weise beten sollen. Der Geist selber tritt für uns ein mit unaussprechlichen Seufzern.« Das heißt doch: Gott atmet in uns, lebt in uns, und diesem Leben dürfen wir uns überlassen. Sagt Paulus nicht von Gott: »In ihm leben wir, bewegen wir uns und sind wir« (Apg. 17,28), ein Wort, das die griechischen Philosophen, denen er in Athen predigt, aufhorchen lässt? Gott öffnet uns auf sich hin. Frei sollen wir atmen und leben können in ihm, weil er selbst für uns und mit uns lebt und atmet.

Josef Schmidt SJ, München, geb. 1946

Wort, das uns einlädt zu antworten

Die erste, wirklich greifbare Erinnerung an meine persönliche Gebetspraxis verbindet sich mit dem Psalm 43. Als angehender Ministrant habe ich den Eingangspsalm des »Stufengebetes« der Messe lateinisch auswendig gelernt. Ein Halbvers daraus hat sich in meiner Erinnerung bewahrt: »Spera in Deo, quoniam adhuc confitebor illi: salutare vultus mei, et Deus meus«, – »Harre auf Gott; denn ich werde ihm noch danken, meinem Gott und Retter, auf den ich schaue« (V 5).

Es berührt mich tief, wenn ich mir heute bewusst mache, was damals eigentlich geschah. Auf die Frage des Priesters: »Meine Seele, warum bist du betrübt?« antwortete ich als das ministrierende Kind mit einem Wort großer Gelassenheit, einem Wort des Zuspruchs und der Bestärkung: »Harre auf Gott!«. Zurückblickend entdecke ich, wie sehr mich dieses »dialogische« Beten des Psalms in der Messliturgie geprägt hat. Bis heute bestimmen zwei Formen entscheidend mein Beten: das liturgische und das fürbittende Gebet, das zusammen und das füreinander Beten.

Viele Jahre nachdem ich meinen ersten Psalm auswendig gelernt hatte, habe ich bei meiner Weihe zum Diakon versprochen, »das Stundengebet als meinen Dienst zusammen mit dem Volk Gottes und für dieses Volk, ja für die ganze Welt treu zu verrichten«. Welche Schwierigkeiten mir einmal diese Form, »mit Psalmen zu beten«, bereiten würde, habe ich damals noch nicht geahnt. Was mir später geholfen hat, diese Gebetsweise erneut zu entdecken, war ein Zweifaches. Einmal die Praxis, mehrmals am Tag meine Tätigkeit bewusst kurz zu unterbrechen, um innezuhalten und betend vor Gott »da zu sein«. Zum anderen werde ich betend daran erinnert, dass ich dabei nicht allein bin. Ich darf mich eingefügt erfahren in die lange Reihe der Beterinnen und Beter, die diesen Psalm zu ihrem Gebet gemacht haben. Ich darf mich denen zuzählen, die mit diesen Worten Höhen und Tiefen ihres Lebens vor Gott zur Sprache gebracht haben und bringen. Betend erfahre ich mich dabei selbst oft als Getrösteter, und zugleich darf ich dem Trostwort des Psalms meine Stimme leihen. Im Alltag als Hospizseelsorger erschließen mir nicht zuletzt die Menschen, denen ich begegne, die tragende Kraft des Psalmengebetes. Oft bitten sie mich, mit ihnen zu beten. Noch öfter aber bitten sie, dass ich für sie bete, weil sie glauben, selbst nicht beten oder der Kraft des eigenen Bittens vertrauen zu können. Die Psalmen sprechen von Liebe und Hass, von erlittenem und verursachtem Leid, von Ausweglosigkeit und Hoffnung, von Gottesferne und der Sehnsucht nach bleibender Gemeinschaft mit ihm. Darin entdecken Menschen die Spuren ihres Lebens. Die Gebetsworte des Psalms werden zu Worten, durch die ihr eigenes Leben vor Gott zur Sprache kommt.

Bitten, was ich begehre. Dazu lädt uns Ignatius in der Geistlichen Übungen nachdrücklich ein. Die Beterinnen und Beter der Psalmen bitten in den unterschiedlichsten Lebensumständen um das, »was sie begehren«: dass Gott sie hört – ihre Klage und ihren Lobpreis, ihre Bitte und ihren Dank. Und sie vertrauen darauf. Deshalb ermutigen sie auch uns: »*Setze auf Gott!*«

Klaus M. Schweiggl SJ, Wien, geb. 1950

Drei Blümchen

Ich habe mich jahrelang schwer getan mit der abendlichen Gewissenserforschung. Sie wurde in unserem Orden ›Examen‹ genannt, später dann auch ›Gebet der liebenden Aufmerksamkeit‹. Es ist ja wirklich sinnvoll, in einer abschließenden abendlichen Rückschau zur Ruhe zu kommen, die Gegenwart Gottes zu erinnern, ehrlich auf den Tag zu schauen, die Begegnungen, Ereignisse und Dinge zu sortieren und zu bewerten, zu danken, um Verzeihung zu bitten und das Beste für den nächsten Tag zu erhoffen oder zu erbitten. Für Ignatius war das die wichtigste Viertelstunde.

Umso mehr hatte ich ein schlechtes Gewissen. Ich wusste, dass er Recht hat, habe das in der geistlichen Begleitung auch immer wieder anderen geraten – habe es aber selber kaum fertig gebracht Zu beschäftigt? Zu späte Krimis? Zu müde? Inkonsequent in der Tagesplanung? Fadenscheinige Ausreden? Wohl von allem etwas.

Jedenfalls war das Ganze ziemlich beschämend. Dementsprechend habe ich mein Versagen nicht an die große Glocke gehängt. Beim Beichten habe ich die üblichen allgemeinen Floskeln benutzt, wie »beim Beten nachlässig gewesen«.

Im Gespräch mit einer befreundeten Ordensfrau rückte ich dann doch einmal mit meinem Defizit heraus. Sie gab mir spontan folgenden Rat: »Versuchen Sie es doch einmal mit den drei Blümchen.« »Wie bitte?« »Wenn Sie schon im Bett liegen, fragen Sie sich ganz kurz nach den drei Blümchen, die Ihnen heute blühten. Also drei schöne Sachen von heute, für die Sie danken und Gott loben können. Und dann ein

Vaterunser beten. Fertig.« »Das soll alles sein?« »Versuchen Sie es.«

Ich habe es versucht. Und es hat mir sehr geholfen. Ich habe entdeckt, dass es gar nicht bei den drei Blümchen bleibt. Oft wird ein ganzer Blumenstrauß daraus. Und ich muss auch keine Angst haben, dass bei dem knappen Danken und Loben das Unterscheiden der Geister zu kurz kommt oder das Bitten um Verzeihung.

Mit der Zeit entsteht nämlich eine Achtsamkeit, die sich auf meinen ganzen Tag auswirkt. Menschen und Dinge und Ereignisse geraten in einen geistlichen Kontext, den ich nicht zuletzt den drei Blümchen der Ordensfrau verdanken darf. Und auch das: Wenn das Sprichwort sagt: »Man soll den Tag nicht vor dem Abend loben«, meine ich inzwischen: Man kann schon am Morgen anfangen, den Tag zu loben.

Vitus Seibel SJ, Berlin, geb. 1935

Christlich mit hinduistischen Methoden

Bis zur Vorabiturklasse habe ich keine katholische Schule besucht. Die Gebete und den Katechismus brachten mir meine Eltern bei. Bis heute vergeht kaum ein Tag, an dem ich nicht den Rosenkranz bete, weil meine Mutter oft sagte, dass die Familie, die den Rosenkranz zusammen betet, auch zusammenbleibt. So spreche ich auch vor dem Zubettgehen die Anrufungen an die drei Mitglieder der heiligen Familie für einen frommen Tod. Dem Einfluss der Eltern verdanke ich die Vorliebe für die Verehrung Mariens und des Herzens Jesu.

Als Jesuit bedanke ich mich bei meinem Novizenmeister Pater Alois Coyne, der mich die Gebetsmethode und das Gebet gelehrt hat. Während der Monatsexerzitien teilte er Meditationsblätter aus, an denen man aufbauen konnte, wie und was man betet. So lernte ich Kontemplation und Meditation. Doch habe ich oft Schwierigkeiten gehabt, die Gedankengänge zu kontrollieren und fest beim Gebet zu bleiben. Große Hilfe fand ich als Inder in den Schriften und im Leben vom Mahatma Gandhi, der liebevoll, ohne die eigene Freiheit zu verlieren, in der Wahrheit festblieb. Mahatma Gandhi hat mich nach meinen Eltern Jesus tatsächlich so gelehrt, dass ich in schwierigen Zeiten und Konflikten das Kreuz betrachten und Ruhe und Frieden bewahren konnte. Er lehrte mich, wie Jesus Gerechtigkeit und Liebe zu vereinbaren und standhaft in der Wahrheit zu bleiben.

Während des Studiums der vergleichenden Mystik lernte ich die Methoden des Hinduismus kennen und vertiefte zugleich die ignatianische Methode. Doch blieb das Gebet auf der rationalen Ebene, und langsam fand ich das Gebet trocken, ohne Geschmack und Genuss. Ich gab selbst die geistlichen Exerzitien, die auch sehr gut angenommen und geschätzt wurden; doch fühlte ich mich innerlich trocken und leer.

In Indien gingen viele Priester und Ordensfrauen zu einem Herrn namens Satya Narayan Goenka, um Vipassana zu praktizieren. Es fiel mir schwer, das zu akzeptieren, weil ich dachte, dass die christliche Mystik in Methode und Inhalt reicht. Aus Neugier aber wollte auch ich Vipassana machen. Am dritten Tag hätte ich am liebsten die Meditationen beendet und wäre nach Hause zurückgekehrt, weil ich es sinnlos fand, nur zu sitzen und die eigenen Empfindungen zu beobachten und wahrzunehmen. Ich traf Herrn Goenka, um ihm dies mitzuteilen. Er hörte mir zu. Er sagte mir, dass ich viele gute Methoden bereits kenne, und so solle ich auch seiner Methode eine Chance geben. Im normalen Leben verliere man viel Zeit mit unnötigen Gesprächen, so dass die nächsten sieben Tage zu verlieren kein besonderer Zeitverlust sei. Ich machte also die Übungen bis zum letzten Tag; manchmal 11 bis 13 Stunden am Tag, obwohl sie mir sinnlos erschienen. Es war ein Umbruch in meinem Gebet und Leben. Langsam merkte ich, dass ich innerlich ruhiger und froher geworden war. Nach einigen Jahren habe ich noch zwei Mal die Vipassana mit Herrn Goenka gemacht.

In dieser Methode nimmt man alle Empfindungen wahr, die im eigenen Körper stattfinden, die sich ständig verändern; doch nimmt man sie wahr und versucht dann, diese Empfindungen zu transzendieren mit der Gesinnung, allen Kreaturen Gutes zu wünschen und zu tun. Durch diese Methode und ihr Einwirken wurden mir Barmherzigkeit und grenzenlose Liebe zu ermutigenden Herausforderungen. Ich fühle die Gegenwart Gottes und seine tragende Liebe und Vorsehung. Der gekreuzigte Jesus und der auferstandene Christus sind mir oft gegenwärtig geworden. Dies fühle ich stark nicht nur während der Gebetszeiten, sondern oft auch im Alltag. Mein Gebet ist so eine Einheit der indischen-hinduistischen Methoden und des Christusereignisses.

Christopher Shelke SJ, München, geb. 1944

Touristenbusse oder Blickkontakt?

Ich lasse mich gerne ablenken. In Exerzitien habe ich mir einmal vorgestellt, wie ich mit Jesus einige Zeit in der Wüste bin. Ich habe seine Gegenwart genossen (und er meine hoffentlich auch), wir konnten miteinander reden und schweigen. Ich war durchgehend guter Laune, obwohl das Leben in der Wüste nicht einfach ist. Dennoch habe ich mich wohlgefühlt. Ich wollte in der Gegenwart Jesu leben. Eigentlich. Manchmal kam ein Touristenbus. Und ich habe gemerkt, wie ich auf jeden Touristenbus aufspringen wollte, der vorbeikam. Einfach um der Unterhaltung willen. Ich würde – natürlich – wieder zu Jesus zurückkommen, aber die Aussicht auf nette Unterhaltung und etwas Zerstreuung hatten eine große Anziehungskraft auf mich.

Ich lasse mich leicht ablenken und ich kenne »meine Touristenbusse« ganz gut. Manchmal führt es dazu, dass ich durch den Tag rutsche, dass ich abends gar nicht richtig weiß, was ich heute eigentlich gemacht habe, wie die Stunden des Tages vergangen sind. In dem wunderbaren Gebet »Die Kunst der kleinen Schritte« von Saint-Exupéry heißt es: »Ich bitte um die Kraft, dass ich nicht durch das Leben rutsche, sondern den Tageslauf vernünftig einteile, auf Lichtblicke und Höhepunkte achte und wenigstens hin und wieder Zeit finde für einen kulturellen Genuss.«

Nicht durch das Leben rutschen. Und nicht durch das Gebet rutschen. Am Morgen nehme ich mir Zeit für das Gebet. Ich setze einen bewussten Anfang, bitte Jesus darum, dass mein Gebet wirklich Gebet ist und nicht ein Mix aus Entspannungsübung, Nachdenken und Problemlösung. Anders gesagt, ich lasse mich hineinnehmen in den »flow« göttlicher Liebe. Jetzt lasse ich mich von Jesus fragen, was ich für heute will, was meine Sehnsucht ist. Wenn ich diesen Punkt nicht klar habe, dann »rutsche« ich durch den Tag und halte Ausschau nach den Touristenbussen. Was ich will? Blickkontakt mit Jesus halten. »Ich will sehen, Herr, wie Du mich anschaust.«

Mein Part: Ich richte mich auf Jesus aus, lasse mich von ihm inspirieren und herausfordern, versuche, meinen Tag gemäß seinem Willen zu ordnen. Dazu schaue ich auf den Tag, was ansteht und was ich wohl machen werde. Es kann natürlich sein, dass alles ganz anders laufen wird. Das macht nichts. Wichtig ist für mich, offen zu sein für den Geist Jesu, nicht »geistlos« durch den Tag zu leben.

Jesu Part: Ich will, dass er mich anschaut, mich ermutigt, mir sein Wohlwollen zeigt, bei mir ist. Wenn der Blickkontakt gelingt, dann ist es, wie wenn zwei Freunde sich schweigend mit einem leichten Lächeln zunicken, wissend, dass alles gut ist.

Zu diesem Blickkontakt komme ich während des Tages immer wieder zurück. Besonders wenn ich genervt bin, wenn mich etwas langweilt, wenn ich nicht weiterweiß. Also dann, wenn ich denke, jetzt wäre es ganz nett, ein Touristenbus käme vorbei.

Am Abend schaue ich, wie sich meine Sehnsucht den Tag über entwickelt hat. Wo blieb ich fokussiert, und wo bin ich weggerutscht? Was waren die Lichtblicke und Höhepunkte? Die Touristenbusse vorbeifahren lassen, stattdessen noch mal Blickkontakt mit Jesus aufnehmen. Das ist es, was ich will!

Christoph Soyer SJ, Berlin, geb.1969

Drei Worte zum Gebet

Trampelpfade

Mein täglicher Weg zur Kapelle des Exerzitienhauses in Nairobi, in dem ich das »Tertiat«, die letzte geistliche Formungsphase in unserem Orden, verbracht habe, könnte umständlich sein. Führt er doch vom Haupthaus in einer großen Schleife durch den Park über das halbe Gelände – wenn man dem betonierten Weg folgt! Da aber viele Generationen von Betenden pragmatisch dachten, dass ihre paar Schritte schon nicht auffallen werden, zieht sich ein schnurgerader Trampelpfad quer über den Rasen und kürzt die Schleife beträchtlich ab. Er ist ausgetreten von Tausenden von Hin- und Rückwegen zum Gottesdienst, die einzeln niemals wahrnehmbar wären. Für mich ist dies ein gutes Bild für mein tägliches Beten: Das einzelne Gebet verschwindet in dem Trott des Alltags, aber die Beständigkeit und Stetigkeit des täglichen Neubeginns hat einen inneren Pfad gebahnt. Die Wirkungen des täglichen Betens sind langsam und für Geduldige aufgespart. Im Großen und Ganzen möchte ich sagen, dass es weniger die erleuchteten und erfüllten »Spitzenmomente« sind, die mich tragen, als vielmehr die Erfahrung einer gewachsenen Vertrautheit mit Gottes Wort, einer sich mit der Zeit etwas schneller einstellenden Stille und einem Gespür für die große Freude, die unter dem alltäglichen Leben liegt.

Zugesprochen

Das erste Wort des Tages, das ich aufmerksam zu mir kommen lasse, möge das Wort der Schrift sein und nicht die Zeitungslektüre oder das Frühstücksgespräch. Diesen Vorsatz versuche ich seit Jahren zu leben. Und tatsächlich ist mir Jahr für Jahr die Bibel wichtiger geworden, nicht zuletzt auch durch die Begegnung mit der islamischen Frömmigkeit. Die wichtigen Worte für den Tag kann ich mir nicht selbst sagen. Sie fallen mir zu, indem ich Morgen für Morgen eine kurze Passage betrachte. Anfänglich waren es vor allem die anschaulichen Evangelien, aber zunehmend sind es auch die Briefe des Neuen Testamentes, die mir eine Art »Vorwort« vor meinen Tag geben. Und mitunter taucht ein Wort des Morgens plötzlich in den Erlebnissen des Tages wieder auf: »Lasst euch versöhnen«, »als Fremde«, »handelt als Freie ...«

Bevölkert

Der heilige Jesuit Peter Faber – das macht ihn mir ungemein sympathisch! – hatte eine geradezu schrullige Angewohnheit, auf seinen Wanderungen stets die Heiligen der durchquerten Dörfer mit ihren Kirchen sowie die Schutzengel der begegnenden Personen anzurufen (in Stille, er wäre wahrscheinlich sonst selbst im 16. Jahrhundert verhaltensauffällig gewesen). Auch wenn ich diese Art der Devotion nicht teile, sagt sie mir zu: Mein innerer Gebetsplatz ist nicht leer. Die Gebetszeit ist auch eine Zeit, mich auszusprechen – mit dem Vater, mit Jesus und mit Maria. Hinter dieser Empfehlung des Ignatius steht keine verquere Trinitätsvorstellung. Sie ist vielmehr von der Einsicht motiviert, dass die bewusste Gebetsfolge (Maria – Jesus – Vater) eine jeweils eigene Gebetshaltung in mir bewirkt. Es ist tatsächlich wirksam, das im Gebet Erfahrene noch einmal in den Blick dieses dreifachen Gegenübers zu stellen: in den betrachtend-ausharrenden Blick der Maria, in den herausfordernd-liebevollen Blick Jesu und in den gütigen, erleuchtenden Blick des Vaters. Zu dritt lassen sie mich mehr sehen, wohin mein Gebet mich führen soll: ad maiorem Dei gloriam.

Tobias Specker SJ, Frankfurt, geb. 1971

Die Kinder der Straße – meine Lehrer

Florin kam als Baby in eines der berüchtigten Kinderheime Ceaușescus. Als in Rumänien die Wende kam, war er gerade so groß, dass er auf die Straße flüchten konnte. Jahrelang schlug er sich durch, bis ich ihn fand. Heute leitet er das Morgengebet in unserer Gemeinschaft Elijah in Siebenbürgen. Unsere Stärksten sind ehemalige Straßenkinder. Sie machen Familienbesuche in Roma-Siedlungen und geben den Kindern Musikunterricht. Sie sind ihren Brüdern und Schwestern ganz nahe.

Florin erhebt sich, alle stehen auf. Stille. »Wir beginnen mit dem Kreuzzeichen den gemeinsamen Tag.« Der erste Psalm beginnt mit dem Wort »selig«. »Selig der Mensch, der über die Weisung Gottes nachsinnt bei Tag und bei Nacht.« Im Hebräischen heißt es wörtlich: der das Wort Gottes »kaut«. Ali, der einen Weg ging wie Florin, hat schon am Vorabend das Tagesevangelium einstudiert und trägt es nun vor. »Wer an mich glaubt, wird die Werke, die ich vollbringe, auch vollbringen, und er wird noch größere vollbringen« (Joh 14,12). Ali erklärt: »Das ist keine Kleinigkeit, die uns Gott heute aufträgt, größere Werke als Jesus zu tun. Die armen Familien mit den vielen Kindern erwarten von uns Wunder. Wir werden ihnen helfen, weil Gott mit uns ist.« Das Selbstbewusstsein der jungen Leute, die das Leben auf der Straße gelernt haben, beeindruckt mich. »Wir sind eine Familie, weil wir einen gemeinsamen Vater im Himmel haben, der uns nie verlassen hat.« So lädt Florin zum Vaterunser ein, wir reichen einander die Hände. Dann bitten die Jungen die Hausleiterin um den Segen. Wie jeden Tag erklärt Florin noch einen der 99 Namen Gottes, die der Islam kennt. Heute ist es »Er, der recht leitet«. »Ich glaube dem Propheten Mohammed. So wie bisher wird Gott uns heute zeigen, wie wir durch alle Schwierigkeiten kommen.« Mit einem schwungvollen Lied endet das Morgengebet. Dann fragen die jungen Leute mich noch: »Bist du abends da, ist Messe?« Das Frühstück wartet, das andere aus der Gruppe vorbereitet haben. Die Dienste im Haus wechseln wochenweise.

Seit über 30 Jahren sind die Kinder der Straße meine Lehrer, sie ziehen mich ins Gebet. Sie haben mir das Examen der Exerzitien beigebracht: danken für die empfangenen Wohltaten. Ich habe gelernt, dass es nicht selbstverständlich ist, ein Bett, ein Haus, eine Familie zu haben. Oft danken sie auch dafür, dass sie beten können. Der behinderte Bettler, der zum Gebet kommt, spricht statt einer Fürbitte immer einen Dank. Obwohl die anderen ihn belehren, er müsse eine Bitte sagen. Für wen möchtest du beten? Für die Kranken, für den Pater, für die hungrigen Kinder, für die Toten? Er zeigt zum Himmel und bleibt dabei: »Ich danke, dass Jesus mich liebt.«

Nachts, wenn ich nicht schlafen kann, genieße ich die wenigen Stunden der Stille im Haus. Ich sehe die vielen Kinder, die Freunde, die Helfer. Und ich wandere durch unsere Dörfer, wo noch so viele etwas brauchen. Wir sind überfordert. Maria hilft, sie bewahrt alles in ihrem Herzen. »Mein Jesus, Barmherzigkeit« kommt mir wieder und wieder über die Lippen. Hoffentlich prägt sich dieses Wort so sehr in mein Fleisch und Blut, dass ich es in der Sterbestunde sagen kann. Niemand könnte mich mehr in die Geborgenheit einüben, als es die Kinder tun.

Gerne spreche ich mit ihnen ihr Lieblingsgebet:

Engel, Schutz in meinem Leben,
mach mich groß, ich bin oft klein,
mir vom lieben Gott gegeben.
Gib mir Mut, um stark zu sein.
Lass mich bitte nie allein.
Begleite mich an jeden Ort.
Lehr mich, gut und treu zu sein.
Bewahre mich vor bösem Wort.
Lieber Gott, ich danke Dir
für den Engel neben mir.

Georg Sporschill SJ, Wien, geb. 1946

Marianische Inspirationen

Vor einigen Jahren entdeckte ich zufällig im Neuen Testament sieben Sätze Mariens, die mich seitdem beim Beten besonders inspirieren.

Ihr erstes Wort heißt nicht »Ja und Amen«, sondern sie fragt den Engel: »Wie soll das geschehen?« (Lk 1,34). Auch ich habe viele Fragen und lerne von Maria, wie dies vor Gott recht, also keineswegs verboten ist. Ich frage nicht »Woran soll ich erkennen, dass das wahr ist?« (Lk 1,18), sondern halte das Gespräch offen und vertraue auf Gottes Allmacht.

Maria sagt dem Engel: »Es geschehe« (Lk 1,38). Gott überlässt uns Menschen ein letztes Wort. Nichts geschieht ohne unser Einverständnis. Dieses »Ja« fällt mir nicht leicht. Will ich aus eigener Kraft wirken? Verletzt es meinen Stolz? Wie im Gleichnis von den beiden Söhnen sage ich lieber zunächst »nein« (Mt 21,28–31). Dann aber stimme ich doch zu: »Fiat«.

Maria begrüßt und besucht Elisabet (vgl. Lk 1,40). Sie hat Zeit für andere und ist bereit, deren Lasten mitzutragen. Auch ich mache Hausbesuche und bin unterwegs, um zu helfen. Dabei erfahre ich freilich ebenso Dankbarkeit und Freundschaft. Ob meine Besuche eher mir selber nutzen? Für wen könnte oder müsste ich mehr Zeit haben?

Das längste Wort Marias ist das Magnifikat: »Meine Seele preist die Größe des Herrn« (Lk 1,46–55). Ich bin unsicher, ob ich zu wenig danke und zu sehr bitte oder klage. Ich möchte nicht abwarten, bis sich die Verhältnisse von selbst ändern, sondern will das Elend, das viele Gesichter hat, aktiv bekämpfen. Maria zeigt mir, wie unser Tun mit Danksagung verbunden sein kann, wenn wir die Welt im Licht des Evangeliums betrachten.

Marias fünftes Wort klingt wie ein Vorwurf. Sie sagt zu Jesus: »Kind, wie konntest du uns das antun?« (Lk 2,48), denn sie erfährt, dass dieser sich anders verhält, als sie es erwartete. Jedoch: »Wer bittet, der empfängt; wer sucht, der findet; und wer anklopft, dem wird geöffnet« (Lk 11,10). Deshalb sucht sie geduldig ihr verlorenes Glück und setzt sich energisch mit ihm auseinander. Zuweilen dauert es schrecklich lange, bis ich das wiederfinde, was mich glücklich macht. Ich suche es vergeblich bei Bekannten und Freunden oder in Büchern und großen Städten, nicht nur drei Tage, sondern andauernd. Habe ich vergessen, wo Gott zu finden ist und wo er wohnt?

Maria sagt zu Jesus: »Sie haben keinen Wein mehr« (Joh 2,3). Sie richtet diese Fürbitte gezielt an ihren Sohn, ohne wundersüchtig zu sein. Ich sehe die Not in meiner Umgebung und weiß doch nicht, wen ich darauf aufmerksam machen soll. Für andere zu bitten fällt mir schwer. Sind meine Gebete zu allgemein? Von Maria lerne ich, konkreter zu beten.

Sie ermahnt die Diener: »Was er euch sagt, das tut!« (Joh 2,5) und rechnet unerschütterlich damit, dass Jesus helfen wird, sobald seine Zeit gekommen ist. Sie resigniert nicht, auch wenn ihr Glaube sozusagen Hoffnung gegen alle Hoffnung (vgl. Rom 4,18) fordert. Soll ich aufhören zu erwarten, dass meine leeren »Krüge« rechtzeitig den »Wein« enthalten, den ich brauche, wenn ich diese mit dem alltäglichen »Wasser« fülle, das ich habe?

Franz-Josef Steinmetz SJ, Frankfurt/M, geb. 1931

Weizen im Unkraut

Darzulegen, wie ich bete, dazu empfinde ich eine gewisse Scheu. Denn zum einen geht es um etwas recht Intimes, zum anderen stelle ich fest, dass das Gebet unterschiedlich gut gelingt und dass sich die Formen und Akzente im Laufe der Zeit verschieben. Deswegen kann so eine Darstellung nur etwas Vorläufiges sein. Aber wie man eine Bewegung in einem Foto sichtbar machen und darin auch die Vorgeschichte erahnen kann, so mag auch diese Darstellung etwas aufzeigen und als Zeugnis eines Weges dienen, den man rückblickend beschreiben, vorausblickend aber nur erahnen kann.

Zunächst einmal bin ich das Beten vom Elternhaus her gewohnt: Morgengebet, Abendgebet, Tischgebet und sonntäglicher Kirchgang waren etwas Selbstverständliches. Dazu kam noch der gemeinsame Rosenkranz am Samstagabend. Den habe ich als Kind nicht gerne gemocht. Und obwohl ich den Rosenkranz später durchaus schätzen konnte, hatte ich längere Zeit einen Widerwillen dagegen, ihn in Gemeinschaft zu beten. Bedeutsam und hilfreich waren zwei Bücher. Michel Quoist zeigte mir im Buch »Herr, da bin ich«, wie man das Leben zum Gebet machen kann, und bei Alfonso Pereira, »Jugend vor Gott«, fand ich neben einem großen Vorrat an Gebeten auch eine Anleitung zu einer meditativen Art des Betens im Verweilen bei einzelnen Worten, in der Art der 2. Gebetsweise nach Ignatius (GÜ 249–257). Im Noviziat lernte ich dann die Schriftbetrachtung und das »Examen« (heute vielfach bekannt als »Gebet der liebenden Aufmerksamkeit«) kennen. Das blieben auch für die weiteren Jahre meine hauptsächlichen Gebetsweisen. Einige Jahre nach meiner Priesterweihe erhielt ich eine Anleitung zum Jesus-Gebet, das zu meiner bevorzugten Gebetsweise im Alltag wurde, während ich bei Exerzitien nach wie vor die Schriftbetrachtung pflege. Inhalte, die dabei wichtig werden, können mich dann noch lange begleiten. Aber im Alltag mit seiner Fülle von Informationen und Eindrücken sind mir Inhalte schnell einmal zu viel. Und wenn ich das einfache Dasein mit dem Jesus-Gebet öfters auch als leer empfinde, fehlt es mir doch, wenn ich es ausfallen lasse.

Ich frage mich gelegentlich, was ich tue, wenn ich das Jesus-Gebet praktiziere. Ich verbinde damit keinen bestimmten Inhalt, aber ein Grundanliegen. Es ist der Wunsch, Jesus Christus in meinem Leben (konkret) Raum zu geben; dass ich mich auf seine Art zu leben einstimmen kann, dass er durch mich hindurch wirksam ist. Es geht darum, mich von ihm umformen zu lassen. Von da her hat für mich das Vaterunser eine besondere Bedeutung, so dass ich es auch gerne am Ende eines Begleitgesprächs bete. Es bedeutet ja dieses Sich-Einstimmen auf die Anliegen, die sein Leben und Handeln geprägt haben. Der Wunsch dazu ist in mir gewachsen; inwieweit ich selber darin gewachsen bin, vermag ich nicht zu sagen. Das Beten mit den dabei erfahrenen Ablenkungen und Widerständen kommt mir vor wie ein beständiges Jäten des Unkrautes, das immer wieder nachwächst. Es braucht schon viel, dass das Unkraut nicht überhandnimmt, und es ist nicht so, dass der Garten jemals unkrautfrei wäre.

Nach wie vor wichtig ist mir das »Examen«. Damit es aber fruchtbar wird, braucht es den offenen Blick auf den vergangenen Tag, ohne das Geschehene gleich zu bewerten und einzuordnen. Dass es gelingt, die Ereignisse des Tages rückschauend in dieser Offenheit wirken zu lassen, ist keinesfalls selbstverständlich, da sind oft die Müdigkeit nach der Arbeit, die Ungeduld angesichts fortgeschrittener Zeit oder die Abwehr gegenüber dem Unangenehmen stärker. Es bleiben das Wissen und immer wieder auch die Erfahrung um den Wert dieses Gebetes.

Josef Thorer SJ, Innsbruck, geb. 1948

Von den Gaben zur Gabe

Mein Gebetsleben erscheint mir wie ein Geflecht aus drei Strängen. Diese können unterschieden und gar chronologisch angeordnet werden, sind aber immer mehr zu einem lebendigen Ganzen, zu einer das Gesamt des Lebens prägenden Grundmelodie geworden.

Mein Vater und sein Bruder, mein Patenonkel, waren gläubige Naturwissenschaftler. Auch meine Mutter hatte vor ihrer Ehe volle naturwissenschaftliche Studien absolviert. Ihre Weltsicht war durch und durch geprägt von ansteckender Begeisterung für die geheimnisvolle Vielfalt der Natur und des Lebens. Sie waren zutiefst dankbare, von der Schöpfung faszinierte Menschen. Ich erlebte meinen Vater im Garten oder sonstwo sich hinabbeugen zu oder gar hinknien vor einer kleinen Pflanze, einem Grashalm, einer Blume oder Blüte, und wie er dann voller Begeisterung die besonderen Eigenschaften dieser Pflanze uns Kindern im Schulalter beschrieb oder bei einer Wanderung anhielt und das einmalige Zusammen von natürlichen, kulturellen und technischen Elementen in der vor uns liegenden Landschaft erklärte, etwa das vor uns liegende Rheintal vom Drachenfels im Siebengebirge (bei Bonn) aus. Dieses dankbare Staunen wurde zu meiner betenden Grundausrichtung.

Später wurde mir der englische Ausdruck: ›to count one's Blessings‹ lieb. Es beschreibt prägnant mein Gebet, genährt dann auch von den Psalmen und vom Koran: aufzählen und erinnern, immer neu, die zahllosen persönlich erfahrenen, völlig unverdienten Hulderweise des Herrn.

Kurz vor dem Abitur, bei einem Spaziergang, erklärte ich meinem Vater Elemente des mich damals faszinierenden Existentialismus etwa im Werk Albert Camus' und Franz Kafkas. Mein Vater hörte aufmerksam zu und sagte dann: Christian, das ist alles interessant. Aber bleibe vor allem ehrfürchtig und dankbar. *Never take anything for granted.* Religion ist letztlich nichts anderes als Dankbarkeit.

Der zweite Strang beginnt mit meiner Erstkommunion und dem ersten Empfang des Bußsakramentes nach mehrwöchiger Vorbereitung im Alter von zehn Jahren und kurz darauf dem Empfang der Firmung. Ich wurde über die Jahre aufmerksam auf meine Schwächen, Unterlassungen und das Zerstörerische in mir, kurz: meiner Angewiesenheit auf Heilung und Umwandlung durch den Herrn. Vor allem die regelmäßige offene Aussprache mit meinen geistlichen Begleitern über die Jahrzehnte hat mein Gebet eingebunden in die erfahrene Gemeinschaft der Kirche. Gebet wurde hier demütig-dankbare Antwort auf die ganz persönlich erfahrene Zuwendung Jesu, des heilenden und vergebenden Herrn in den Sakramenten, die allmähliche Umwandlung in Sein neues Leben.

Der dritte Strang profilierte sich vor einigen Jahren und ergab sich als unerwartetes Geschenk. Eine explizite Einführung in das Jesus-Gebet durch meinen geistlichen Begleiter. Diese Weise, das Gebet zu sehen und zu praktizieren, hat mir geholfen, all meine bisheriges Beten und Suchen in eine einzige Bewegung zu integrieren. Ich sitze dauernd an der Straße wie der blinde Bettler Bartimäus, der Sohn des Timäus, und rufe mit aller Kraft: ›Sohn Davids, Jesus, hab Erbarmen mit mir‹. Jesus ruft mich. Ich lasse alles und lau-

fe zu ihm. Jesus fragt mich: ›Was soll ich Dir tun?‹
›Rabbuni, ich möchte wieder sehen können …‹
(s. Mk 10,46–52 par).

In Momenten der Stille bei Tag und während der wachen Stunden der Nacht erfahre ich immer mehr, wie mein Ein- und Ausatmen wiederholt: Jesus – erbarme Dich meiner, erbarme Dich aller, erbarme Dich des ganzen von Dir geschaffenen Universums. Jesus im Heiligen Geist nimmt mich und uns alle gleichsam unaufhaltsam zum Vater. Sünde, Hass und auch alles Fragen und Zweifeln können dieser Bewegung nicht widerstehen.

Mein Lieblingsgebet ist das des hl. Bruder Klaus:
Mein Herr und mein Gott, nimm alles von mir,
was mich hindert zu dir.
Mein Herr und mein Gott, gib alles mir,
was mich fördert zu dir.
Mein Herr und mein Gott, nimm mich mir
und gib mich ganz zu eigen dir.

Und ich weiß: Alles, wirklich alles, verdanke ich Maria, der ›Mutter der göttlichen Gnade‹, die Jesus mir und uns allen geschenkt hat.

Christian W. Troll SJ, Frankfurt/M, geb. 1937

Ohne geistliche Klimmzüge

Immer wieder, wenn ich höre, wie andere Leute meditieren, kontemplieren, das Jesus-Gebet, geistliche Gespräche und andere Gebetsübungen pflegen, kommt mir der Gedanke, dass ich eigentlich überhaupt nicht bete. Oder zumindest nicht so bete, dass man darüber auch noch schreiben sollte.

Dabei beschäftigt mich schon auch die Frage, die mich mein ganzes Leben lang begleitet hat: Wie konnte ich überhaupt spirituell all diese 82 Jahre meines Lebens und die 62 meines Ordensleben überstehen und durchhalten? Und ich muss gleich dazu sagen: durchhalten nicht nur mit Ach und Krach, nicht nur mit Hängen und Würgen, sondern die meiste Zeit mit großer Freude. Oder, um es etwas leger auszudrücken: Es hat eigentlich immer Spaß gemacht.

Ich kann also nur sachlich berichten, was ich in Sachen des Betens getan habe und noch weiterhin tue. Aber eigentlich liegt dabei das Schwergewicht eher auf dem, was ich eben nicht getan habe. So habe ich über viele Jahre die Meditation oder Betrachtung von einer halben oder ganzen Stunde, wie ich sie einst in den Zeiten des Noviziates eingeübt habe, nicht gemacht. In den Jahren, da ich als Missionsprokurator tätig war, habe ich auch nur selten das Brevier gebetet. Ich muss das hier aussprechen, damit ich hernach unbeschwert und ohne geistige oder geistliche Klimmzüge sagen und schreiben kann, was wirklich in meinem Gebetsleben geschehen ist.

Ich war ja, zumindest seit ich Priester bin, immer wieder gefordert oder habe mich selber dazu verpflichtet, Predigten zu halten, Vorträge auszuarbeiten, Worte zu Sonntagen und Werktagen zu schreiben usw. Ich habe dann nicht selten eine ganze Woche lang oder auch noch länger über einen Text des Evangeliums oder ein vorgegebenes Thema nachgedacht und bin damit gleichsam schwanger gegangen. Und zwar wann immer sich eine Gelegenheit ergab, wo die täglichen Beschäftigungen in den Hintergrund getreten sind und ein wenig Raum ließen zum Durchschnaufen und Nachdenken. Irgendwann kam es dann fast immer zu einer Art von Inspiration. Das heißt, etwas schlichter ausgedrückt: Mir kam eine Idee, um die herum sich alles, was es zu einem Thema oder zum Evangelium sagen ließ, wie von selber ergab und niederschreiben ließ. Je älter ich wurde, desto mehr habe ich solche Inspirationen nicht nur als Einfälle betrachtet, sondern als Eingebungen. Und immer weniger habe ich diese Einfälle meiner Klugheit zugeschrieben, sondern Gott dafür Dank gesagt. Dem Wort aus dem Psalm folgend, wo es heißt: »Wenn der Herr das Haus nicht baut ...« (Ps 127).

Dann war eines Tages meine Zeit als Missionsprokurator zu Ende, und fortan habe ich wieder öfter und dann bald täglich zum Brevier gegriffen. Dabei wurden mir die Psalmen immer vertrauter und immer lieber. Auch mit jenen Versen, in denen der Psalmist schimpft und sogar über seine Feinde flucht, habe ich keine große Schwierigkeit. Ich kenne solche Gemütsbewegungen und Reden aus den Krimis, die ich nach wie vor gerne lese.

Aber es sind Verse wie der folgende, die mich begeistern und in eine Stimmung der Dankbarkeit gegen Gott versetzen. Wenn es heißt: »Herr, deine Güte reicht, so weit der Himmel ist, und deine Treue, so weit die Wolken gehen ...« (Ps 36), dann sind das für mich nicht nur schöne, poetische Worte, die ich sehr wohl auch als solche genießen kann, sondern da kommt eine Grundbefindlichkeit des ganzen Lebens zum Ausdruck. Da gehen Augen und Herz über vor Staunen und Freude. Jeder Spaziergang durch die Natur wird dann zu einem Lobpreis der Herrlichkeit Gottes.

Ein weiterer, kleiner Übungsplatz zum Beten ist der Weg vom Haus, wo ich wohne, zur U-Bahn. Das sind zwar nur ca. 12 Minuten Gehweg, aber hin und zurück und manchmal zweimal am Tag kommt doch eine gewisse Zeit zusammen. Dabei lassen sich so gut die drei Gebetsweisen, die der hl. Ignatius in seinem Exerzitienbuch beschrieben hat, anwenden und pflegen. Manchmal ein Wort bei jedem Schritt. Oder klassisch: bei jedem Atemzug. Und so lässt sich der Weg nach Schritten oder Atemzügen ausmessen; so ähnlich wie unsere Vorfahren die Wege nach Vater Unsern gerechnet haben.

Wenn ich dann jedoch im Urlaub um die Insel schwimme, die den schönen Namen trägt ›Muttergottes von der Barmherzigkeit‹, dann stoße ich bei jedem Schwimmzug ein Wort des Vater Unser aus. Das ist im Übrigen angenehmer, als wenn man – ich habe das früher auch getan, – bis hundert zählt. Denn das Vater Unser dauert nur 63 Schwimmzüge, und dann kann ich eine kleine Pause einlegen. Auf den kurzen Wegen zur U-Bahn ergab sich dann irgendwann einmal – dank der Anregung eines indischen Freundes – eine neue Art, den Rosenkranz zu beten. Ich bete wie üblich zehn Ave Maria. Aber bei jedem Ave denke ich an einen Bekannten, Freund, Mitbruder, an Lebende und Verstorbene, an die ich lange nicht mehr gedacht habe. Oder für die ich versprochen habe zu beten oder einfach an die ich mich im

Gebet erinnern möchte. Und da ist der Weg eigentlich immer zu kurz und der Rosenkranz trotz aller 50 Perlen nicht lang genug.

Und zuletzt noch das Wichtigste überhaupt: der Gottesdienst, vor allem die Eucharistiefeier. Ich bin der Kirche dankbar für die dicken Bücher, in denen alle Gebete und Lesungen für jeden einzelnen Tag schon fest vorgegeben und vorgeschrieben sind. Da muss man sich nicht jedes Mal selber den Kopf zerbrechen und herumformulieren. Freilich, wenn ich im kleinen und auch kleinsten Kreise die Messe feiere, dann kann es schon sein, dass wir im Gespräch vom Hundertsten ins Tausendste kommen oder ein wenig plaudern von Gott und der Welt. Das ist ja nicht verkehrt. Oder dass manchmal die Fürbitten länger dauern als gewöhnlich der ganze Wortgottesdienst. Aber immer wieder bin ich froh und dankbar, wenn ich dann in die vorgegebenen Gebete einmünden kann, wenn einem die Luft der freischwebenden Rede ausgeht.

Es war zu unserer Jugendzeit nicht üblich, dass man sich (zumindest außerhalb des Noviziates) des Langen und Breiten über das Gebet ausgelassen hat. Zumindest nicht darüber, wie man selber betet. Das ist anders geworden. Und immer wenn ich von Freunden, Bekannten und anderen höre, die viel länger, besser, intensiver und ignatianischer beten als ich, dann hoffe ich, dass sie doch manchmal dabei auch an mich denken in ihrem Gebet. Ich selber versuche das nämlich auf meine eher schlichte Weise ebenfalls.

Joe Übelmesser SJ, Nürnberg, geb. 1932

Wenn Gott für mich tanzt

Gebet ist, was mich stärkt in Glaube, Hoffnung und Liebe. Mein schönstes Gebet ist das Ballett in Fürth. Ich habe von Ballett keine Ahnung, ich kann auch selber nicht tanzen – und das macht es für mich so großartig. Zu sehen, dass Menschen etwas so Schönes tun können, dass es etwas gibt, das so ganz anders ist als mein Alltag und in der Lage, mich immer neu zum Staunen zu bringen. Staunen und sich an der Schönheit freuen. Und: nichts selber machen zu müssen, sich einfach beschenken lassen zu können. Ich feiere von Herzen gerne die Hl. Messe, aber da stehe ich in der Regel selber vorne. Im Ballett bin ich Zuschauer und doch mehr als Zuschauer, denn wenn das Cedar Lake-Ensemble aus New York wieder zu Gast ist, dann bin ich Mitfeiernder, werde mitgerissen, und es begeistert mich, dass ich in einer Welt leben darf, die bei allen Nöten und Sorgen noch Platz hat für Brillanz und Genialität. Hier erfahre ich, dass wir auch für die Tragik und Not Ausdrucksformen brauchen, die uns über das bloß technokratische Verwalten und schulterzuckende Sich-Abfinden hinausführen. Und damit wird der Tanz zum echten Gebet: Weil er keine Flucht ist, sondern mich stärkt und mir hilft, diese Welt und die in ihr leben zu lieben. Wenn Musik und Bewegung, äußerste körperliche Energie und zartester Ausdruck zusammenfinden und von Jubel und Resignation, Glück und Not erzählen, dann bin ich froh darüber, in dieser Welt zu leben, in der uns Gott einander gegeben hat, damit wir ihre Schönheit bewahren und unsere eigene Schönheit nicht vergessen.

Ansgar Wiedenhaus SJ, Nürnberg, geb. 1971

Lass mich voll Zuversicht
dein Kommen erwarten

Jeden Tag deckst du mir den Tisch. Auch jetzt, im Alter, in dem der Tod langsam näher rückt oder schon vor der Tür steht, »der letzte Feind« (1 Kor 15,26). Jeden Tag reichst Du mir die Speise der Unsterblichkeit, »das Brot des Lebens und den Kelch des ewigen Heils«. Jeden Tag führst Du mich ein Leben lang über Höhen und durch Täler hindurch, in guten Zeiten und über Durststrecken hinweg.

Eines Tages wird der Weg enden. Dann werde ich »als unverhüllte Wirklichkeit empfangen, was jetzt in heiligen Zeichen begangen wird« (Messliturgie).

Schenke mir eine immer größere Gewissheit, dass dieses Vertrauen nicht bloß ein Wunschtraum ist, sondern ein Traum, der sich erfüllen wird.

Ich danke Dir, weil Du auch mich zu Deinem Jünger und Weggefährten berufen hast. Ich danke Dir, weil auch ich »mit Dir sein« (Mk 3,14) und Deine Sendung fortsetzen darf. Ich danke Dir, weil ich das »Hundertfache« (Mk 10,20), Freude und glückliche Zeiten erlebt habe.

Ich danke Dir auch, weil ich »ergänzen« darf »für die Kirche«, was an meinem Eins-Sein mit Dir und Deiner Lebenshingabe »noch fehlt« (Kol 1,14). Ich danke Dir, weil Du mir den Glauben an Dich geschenkt und ihn mir bewahrt hast und weil Du immer an meiner Seite warst von Jugend an. Jede Entscheidung schließt tausend andere Möglichkeiten aus, und unglücklich sind nur die Halbherzigen und Unentschlossenen. Du aber hast mir die Kraft gegeben in all den Jahren, die hinter mir liegen, Dir nachzufolgen. Hilf mir auch weiterhin, in der kurzen Zeit, die ich noch zu leben habe, bei Dir auszuharren. Nimm mich an und segne alle, die mich ein Stück weit auf meinem Lebensweg begleitet haben.

Du bist da. Du siehst mich. Du kennst mich. Du rufst jeden mit seinem Namen (Jes 43,1). Du verstehst und achtest ihn trotz seiner Fehler und Schwächen. Du weißt alles (Joh 21,17). Du hast gesagt: »Nicht die Gesunden brauchen den Arzt, sondern die Kranken« (Mk 2,17). Ich glaube an Dich gegen allen Augenschein. Ich hoffe auf Dich, obwohl vieles im Leben dieser Hoffnung widerspricht. Ich halte an Dir fest, trotz aller Fragen und Dunkelheiten. Ich glaube an Dich, weil ich die Aussagen der Jünger, denen Du Dich als Auferstandener offenbarst hast, für glaubwürdig halte. Ich vertraue Dir, weil Vertrauen besser ist als Misstrauen und Skepsis. Ich baue auf Dich, weil Dein irdisches Leben mir das menschliche Antlitz Gottes zeigt: seine Versöhnung schaffende, Tod überwindende, Mensch gewordene Liebe. Einmal wirst Du aus Deiner Verborgenheit hervortreten. Einmal werden wir Dich sehen. Einmal wird der Rest nicht Schweigen, sondern Jubel sein. Einmal werden die Karten neu gemischt. Einmal erfahren alle Gerechtigkeit. Einmal wird die Hoffnung nicht sterben, sondern in Erfüllung gehen. Einmal schlägt die Stunde der Wahrheit. Einmal zählt nur noch Liebe. Einmal machst Du alles neu (Offb 21,5). Einmal kommen wir an. Einmal kehren wir heim. Einmal finden wir, was wir immer gesucht haben: Heimat und letzte Geborgenheit.

Otto Winkes SJ, Trier, geb. 1929

Contemplativus in den Gassen Roms

Durch meine Tätigkeit an der Päpstlichen Universität Gregoriana bin ich fast täglich zu Fuß in den gleichen Gassen dorthin und auch wieder zurück unterwegs. Dies bietet mir nicht nur unzählige Möglichkeiten, die Menschen zu beobachten und mir zu überlegen, was sie wohl bewegt und wie sie sich fühlen, sondern auch, für sie bewusst zu beten.

Dies beginnt mit der aufmerksamen Wahrnehmung der Leute, denen ich begegne. Sind sie fröhlich und ausgelassen? Handelt es sich um Menschen, die eher gehetzt auf dem Weg zum Arbeitsplatz sind, oder um Eltern, die ihre Kinder zur Schule oder zum Kindergarten bringen? Stoße ich auf Hausgehilfinnen von den Philippinen oder auf Straßenhändler aus Bangladesch, die bei Regenwetter Schirme anbieten? Sind es Bettler oder Besitzer von Lokalen, die ich täglich an den gleichen Orten treffe und grüße, oder Touristen, die mich um Auskunft oder Hilfe bitten?

So wie mir die Menschen begegnen und wie ich sie wahrnehme, versuche ich für sie zu beten: um den Erhalt ihrer Lebensfreude und das Finden ihrer Berufung, um innere Ruhe und Gelassenheit für die Gehetzten und die Freude in der Arbeit, um den Segen Gottes für die Familien und die Lehrer in den Schulen, um die Erfahrung der Wertschätzung für all jene, die am Rande der Gesellschaft stehen und von Dritten ausgenützt werden. Gerade weil ich vielen von ihnen nicht selbst helfen kann, bitte ich um die Hilfe Gottes für sie. Und immer wieder geschieht es, dass einer von ihnen sagt: Pater, beten Sie für mich!

Anton Witwer SJ, Rom, geb. 1948

Beten mit dem Namen Jesus

Wie ich bete? Ganz einfach mit dem Namen »Jesus«. Vor einigen Jahren hatte ich mir mit einem Freund auf der Insel Patmos in der Höhle des Sehers Johannes ein kleines schwarzes Armband mit vielen kleinen Knötchen und einem zierlichen weißen Kreuz gekauft. Das sah nett aus um den Arm, ein bisschen nach zweiter Jugend. Ein paar Monate später aber sagte mir ein griechisch-katholischer Seminarist in Exerzitien, mein schwarzes Armband sei Touristen-Nepp. Dann hat er mir einen orthodoxen Rosenkranz geschenkt, der auf Rumänisch *Metanii* oder auf Russisch *Tschotki* heißt, und dazu hat er mir das Jesus-Gebet nahegebracht. Die Schnur fügt sich ebenfalls um mein Handgelenk, hat aber genau 33 Perlen für die Lebensjahre Jesu. Man geht mit dem Finger die Perlen entlang und wiederholt bei jeder Perle eine Bitte mit dem Namen Jesu. Bei den Bitten gibt es eine große Freiheit; das Wichtigste ist: der Name Jesus kommt darin vor!

Seither ist mir das Jesus-Gebet zu einer festen Gewohnheit geworden. Es passt gut, immer wenn ich mal ein paar Minuten frei habe oder auch nur einen Augenblick für eine kurze Bitte. Am liebsten ist mir dabei die Bitte: »Jesus, Sohn Davids, erbarme dich meiner«. So ruft Bartimäus Jesus in Jericho zu. Und es lässt sich auf Einatmen und Ausatmen verteilen: »Jesus, Sohn Davids« beim Einatmen und »erbarme dich meiner« beim Ausatmen. Dies 33-mal gebetet, schafft leicht Luft und Ruhe. Es geht aber auch schon einfacher und kürzer und braucht gar nicht immer alle 33 Perlen. Manchmal reicht schon: »Auferstandener Jesus, ich preise dich« oder: »Barmherziger Jesus, schau auf Andreas«, »Schmerzhafter Jesus, steh Tina bei«, oder ganz einfach: »Barmherziger Jesus, beschütze mich«.

Dieses Gebet ist für mich eine Hilfe geworden, beschaulicher in meinem Tun zu werden: *contemplativus in actione*. Es gibt fast keine Situation im Lauf eines Tages, in der ich nicht irgendwie Jesus anrufen kann. Dabei ist mir auch aufgefallen, welche Bedeutung der Name Jesu schon im Neuen Testament hat: »Uns ist kein anderer Name unter dem Himmel gegeben, durch den wir gerettet werden, als der Name Jesu«, sagen die Apostel vor dem Hohen Rat in Jerusalem. Paulus wartet mit vielen, vielen anderen darauf, dass einmal »jedes Knie sich vor dem Namen Jesu beugt und jede Zunge bekennt: Jesus Christus ist der Herr zur Ehre Gottes des Vaters«. Oder manchmal, wenn ich schon lange in meinem Kopf über eine Sache gebrütet habe, fällt mir auf, was Jesus seinen Jüngern bei seinem Abschied sagt: »Bis jetzt habt ihr noch nichts in meinem Namen erbeten. Bittet, und ihr werdet empfangen, damit eure Freude vollkommen ist.« Dann ist es allerhöchste Zeit, dass ich schnell zu den Perlen greife und in meinem Herzen den Namen Jesus anrufe.

Ansgar Wucherpfennig SJ, Frankfurt/M., geb. 1965

Seine Seele sanft und achtsam ein-
schwingen lassen in den Klang Gottes

»Lieber Gott, wenn es wahr ist, dass Du überall bist, wie kommt es dann, dass ich nie da bin, wo Du bist?« Dieses humorvolle Gebet von Madeleine Delbrêl lässt meine Seele aufatmen, weil es ein paar Maßstäbe geraderückt: Mein Beten fällt oft einfach unter den Tisch, weil es nicht anbrüllt gegen den lauten Dringlichkeitsmodus meines Arbeitslebens und den schnellen Befriedigungseffekt meiner Konsum- und Entspannungsgewohnheiten. Gebet kann aber auch schnell zum Drill oder zur Routine degenerieren. Vielleicht liegt es daran, dass sich die Zeiten meines Lebens, in denen ich scheinbar viel Beten geübt habe, im Rückblick nicht immer unbedingt als die Zeiten meiner größten Verbundenheit mit Gott erwiesen haben. Das ist die Bedrohung religiöser Menschen: Das Gebet wird zur monologischen Selbstbespiegelung. Man kann dies mit Abstand an einer Atmosphäre zwanghafter Unfreiheit, an Rechthaberei und der Unfähigkeit zuzuhören spüren oder daran, dass das religiöse Sprechen zum sinnentleerten Phrasendrechseln wird, ohne Gespür für das Gegenüber. Wenn ich aber schon den Menschen mir gegenüber nicht zuhöre, wie soll dann Gott in meinem Leben zur Sprache kommen? Und wenn ich immer Recht haben muss, was erwarte ich dann von Gott, außer, dass auch er mir noch zustimmen darf?

»Lieber Gott, wenn es wahr ist, dass Du überall bist, wie kommt es dann, dass ich nie da bin, wo Du bist?« Das bringt die Dinge nüchtern auf den Punkt, ohne Zerknirschtheit, die wieder der eigenen Neigung entspringt, sich zu wichtig zu nehmen. Mein Beten folgt

Rhythmen wie das Leben den Jahreszeiten. Es gibt Zeiten, in denen sich der Blick nach innen richtet, um Stille zu finden; Zeiten, in denen es einfach in mir betet mit sommerlicher Leichtigkeit und Selbstverständlichkeit. Und es gibt Zeiten harter Arbeit, in denen mein Gebet einen streitbaren und eiligen Ton hat wie der Don Camillos, wenn er im Vorbeigehen den Herrn informiert, sich Rat holt oder einfach nur ablädt.

Deshalb kann ich persönlich nichts damit anfangen, den einen Königsweg des Betens für mein Leben finden zu sollen. Und ich kann zwar recht wenig mit Ikonen als Produkt anfangen, viel aber mit der Malerei und der Kunst der Betrachtung als Gebet.

Ignatius spricht vom »geistlichen Üben«. Es wäre aber ein Irrtum, würde man glauben, dass dies die Art Üben sei, mit der man sich etwas aneignet und dann kann man's, wie z.B. Auto fahren. Beim Malen und beim Betrachten brauche ich Zeit, muss erst ins Schauen kommen. Die Tiefe in der Oberfläche erschließt sich nicht gleich und vor allem nicht auf Kommando. Es ist ein Geschenk, wenn der Blick gefangen wird und ich mich plötzlich im Gegenüber verlieren kann. Und dann plötzlich überkommt mich Lebens- und Schaffenskraft, eine Energie, die mich mitnimmt in das Geheimnis von Kreativität, Kreatürlichkeit und Schöpfung. Der indische Schöpfergott Shiwa wird tanzend dargestellt: Gott ist der Tänzer und wir der Tanz. Üben – im Malen wie im Beten – meint, im Schauen zuerst innerlich frei zu werden, damit ein innerer Resonanzraum entsteht und ich mich öffnen kann für den Klang der Dinge, um dann selbst irgendwann staunend zu spüren, wie ich mich über all die Oberfläche hinweg und durch alle Brüche hindurch achtsam, tatkräftig und wie von selbst einzuschwingen beginne in den Klang der Schöpfung, in den Tanz, den der Schöpfer tanzt.

Tobias Zimmermann SJ, Berlin, geb. 1967

Tanzen vor dem lächelnden Christus

Beten heißt für mich, so von bestimmten Worten ergriffen, von einer Melodie berührt zu werden, dass
es mich zur Antwort drängt. So ist es mir mit den
Worten und der Melodie des Liedes »Applaus, Applaus« von den »Sportfreunden Stiller« im vergangenen Sommer ergangen. Sicherlich ist dieses Musik-
stück nicht mit einer religiösen Absicht komponiert
worden. Doch mir ist es eine Brücke, eine Einladung
zum Gebet. Ich »leihe« mir fremde Worte und fremde Töne, um doch etwas ganz Innerliches und Eigenes auszudrücken. Ein Psalm aus dem Radio.
Wenn ich dieses Lied bete, dann habe ich einen lächelnden oder auch lachenden Christus vor Augen,
wie es ihn zum Beispiel in der Kapelle der mittelal-
terlichen Burg gibt, in der der große Jesuitenmissio-
nar Franz Xaver aufgewachsen ist. Auf diese Art und
Weise zu beten hilft mir, liebevoll zu entkrampfen,
mir selbst und anderen wieder neu die Hand zu reichen oder auch die Hand zu ergreifen, die mir ent-
gegengestreckt wird. Im Lärm des Alltags, der Mü-
hen und Sorgen achtsam bleiben für die Zwischen-
töne, denn oft sind es diese, die mir Orientierung
geben.
Beten heißt für mich, immer wieder neu eine »ko-
pernikanische Wende« zu vollziehen. Weitsicht ge-
winnen bedeutet eben auch: Es dreht sich nicht alles
um mich ... Herausspringen aus dem eigenen Ich, so
hat das Ignatius von Loyola mal genannt. Und mit
Christus lachen über meine eigene Sturheit, meine
Rechthaberei im Umgang mit Widerständen, wenn es
mal nicht so läuft, wie ich es will und wünsche.
Ich habe dann auch getanzt letzten Sommer. Vor

Freude, vor meinem lächelnden (und manchmal auch lachenden) Christus, weil er mich immer wieder neu begeistert, mir Leben einhaucht. Christus lädt mit einem Lächeln zum Tanz. Beten heißt für mich, dieser Einladung ins Leben und dieser Freude am Leben Ausdruck zu verleihen. Also zwischen den unterschiedlichen Strophen und Episoden des Lebens immer wieder neu den Refrain einschieben und anstimmen: »Applaus, Applaus ...«

Patrick Zoll SJ, München, geb. 1977

Beten: mit Gott über den Alltag sprechen

In meinem Beten spiegeln sich der Lauf meines Lebens und mein Alltag wider. Seit einiger Zeit ist mir dies näher gekommen: Das Gebet als Gespräch mit Jesus Christus verändert sich ständig, sonst wird es routiniert und leer, egal in welcher Form ich bete.

Das Wichtigste ist, dass ich Jesus sage, was in mir vor sich geht, was die Begegnungen und Ereignisse Tag für Tag mit sich bringen, wo ich Hilfe brauche, wo ich keine Antwort habe, wofür ich dankbar bin. Jesus dort einzulassen, wo ich angesichts all meiner Pläne, Ideen und Taten in meinem Herzen auf ihn hören muss.

Immer wieder erlebe ich, wie mich das Gespräch mit Jesus und die bewusste Ausrichtung auf die Gegenwart Gottes verändern. Das zeigt sich besonders auch in schwierigen Momenten, bei unangenehmen Entscheidungen, bei erschütternden Überraschungen, in der Begegnung mit der menschlichen Gebrechlichkeit, in Unvermögen, Sünde, Krankheit und Tod. All das bringe ich vor den Herrn, während ich auf eine Ikone mit der Kreuzigungsszene schaue.

Ich werde so nicht nur ruhiger und kann Personen und Entwicklungen gelassener anschauen. Dadurch, dass ich mich vor Gott so zeigen kann, wie ich bin, und ihm sagen kann, wo ich stehe und wo ich im Besonderen seine Führung brauche, kommt auch »Trost« in mein Leben. Trost, wie ihn Ignatius beschreibt, als Licht, Führung, Zuversicht und innerer Friede.

Beten richtet so immer neu den Kompass aus: Was ist gut, was ist notwendig, was hat Vorrang in meinem Alltag? Ich bin sehr dankbar dafür, wie der Herr mich Schritt für Schritt leitet und begleitet.

Hans Zollner SJ, Rom, geb. 1966